A KENYÉRPÁLÓK, PERENCEK ÉS SOVAROK MŰVÉSZETE

Engedje szabadjára sütési kreativitását 100 ellenállhatatlan sós és édes recepttel

Áron Novák

szerzői jog Anyag ©2023

Minden jogok Fenntartott

Nem ennek része _ könyv lehet imádkozik használt vagy továbbított ban ben Bármi forma vagy város Bármi eszközök nélkül a megfelelő írott beleegyezése a _ kiadók szellem szerzői jog tulajdonos, kivéve számára rövid idézetek használt ban ben a felülvizsgálat. Ez könyv kellene jegyzet imádkozik figyelembe vett a helyettes számára orvosi, jogi, vagy Egyéb pr of essional tanács.

TARTALOMJEGYZÉK

TARTALOMJEGYZÉK..3
BEVEZETÉS...7
KENYERPÁLAK..8
1. Palitos de pan..9
2. Grissini minden erbe..12
3. Egy sparag us Breadsticks...14
4. Grissini..16
5. Taralli..19
6. Ferrarese kenyér..22
7. Coppia Ferrarese mézzel...24
8. Pumpernickel és rozs kenyérpálcikák..............................27
9. Rozmaring és kakukkfű kenyérpálcikák.........................29
10. Zsályás kenyérpálcikák..31
11. Puha kenyérrudak édesköménymaggal.........................33
12. Vadrizs kenyérpálcikák...35
13. Hagymás-édeskömény kenyérpálcikák..........................37
14. Pepperoni kenyérpálcikák...39
15. Prosciutto-ba csomagolt kenyérrudak ábrával.............41
16. Alap olívaolajos kenyérpálcikák.....................................43
17. Kenyérrudak fekete borssal és cheddarral....................46
18. Chilis Bacon Kenyérrudak..48
19. Édeskömény és durva sós kenyérpálcikák....................50
20. Jalapeno kenyérpálcikák...52
21. Kraft sajtos kenyérpálcikák..54
22. Diós kenyérpálcikák..56
23. Olívakerti kenyérpálcikák..58
PRECEL..60
24. elzászi perec..61
25. Ropogós perec cseppek..64
26. Currys perec...66
27. Desszert perec...68
28. Espresso perec..70

29. Pennsylvania holland perec..73
30. Paprika sajtos perec..76
31. Borsmenta perec vesszők...78
32. Philadelphiai puha perec...80
33. Schokoladenperec (csokoládé perec)..................................82
34. Pókperec..84
35. Taralli (olasz perec)..86
36. Teknős perec...88
37. Fehér csokoládé cukorka perec..90
38. Sült perec..92
39. Hajdina perec..95
40. Karamellbe mártott csokoládéval bevont perec.................97
41. Sajt és dijoni perec..99
42. Csokoládé mandulás perec..102
43. Csokoládé perec süti..104
44. Csokoládéba mártott perec..107
45. Fokhagymás gyógynövényes perec..................................109
46. Jalebis...112
47. Perec (dán perec alakú kenyér).......................................115
48. Neujahrspretzel (újévi perec)..118
49. Régi vidéki íróperec..121
50. Olíva és fokhagymás perec..124
51. Joghurttal bevont perec..127
CHURROS..129
52. Alap Churros...130
53. Fahéjas churros...133
54. Churros és csokoládé...135
55. Útifű _ Churro p...137
56. Red Velvet spanyol Churros..139
57. San Diablo Artisan Churros..142
58. Sült Churros..145
59. Csokoládé Churros..148
60. Karamellel töltött Churros..150
61. Sütőtök fűszeres Churros..152
62. Gluténmentes Churros..154

63. Nutellával töltött Churros...156
64. Churro fagylaltos szendvicsek..158
65. Dulce de Leche Churros...161
66. Matcha Churros..163
67. Red Velvet Churros..165
68. Churro Bites..167
69. Citrom Churros..169
70. Kókuszos Churros..172
71. Churro gofri..174
72. Epres sajttorta Churros..177
PÉSZTÉSZ-csavarok..179
73. Fahéjas cukor csavarja..180
74. Caramel Twists..182
75. Osztrák fordulatok...184
76. Pizza Twist..186
77. Svéd ánizs Twist..188
78. Nutella tészta csavarja..190
79. Air Fryer Sweet Twists..192
80. Lemon Sweet Twists..194
81. Sajt- és sonkacsavarok..196
82. Csokoládé és mogyoró csavarja...198
83. Tiramisu Twists...200
84. Fokhagymás parmezán csavarok.......................................202
85. Jalapeno Cheddar Twists...204
86. Buffalo Chicken Twists...206
87. Pesto és szárított paradicsom csavarok.............................208
88. Spenót és feta csavarok..210
89. BBQ Pulled Pork Twists...212
90. S'mores Twists..214
91. Caprese Twists..216
92. Alma fahéj csavarok..218
93. Sonka és sajt csavarok..220
94. Pesto csirke Alfredo Twists..222
95. Maple Bacon Twists..224
96. Mediterrán fordulatok...226

97. Diós karamell csavarok..228
98. Málna krémsajt csavarok..230
99. Lemon Blueberry Twists...232
100. Maple Pecan Twists..234
KÖVETKEZTETÉS...236

BEVEZETÉS

Üdvözöljük a kenyérrudak, perecek és csavarok világában – egy csodálatos univerzumban, ahol a tésztaszerű alkotások ropogós, rágós és végtelenül finom csemegékké alakulnak. Ebben a szakácskönyvben egy kulináris utazásra invitálunk, amely kielégíti vágyait és kalandvágyát. Akár tapasztalt pék, akár kezdő a konyhában, ezekkel a receptekkel elsajátíthatja az ellenállhatatlan harapnivalók és előételek készítésének művészetét, amelyek lenyűgözik a családot, a barátokat és még saját magát is.

Ezeken az oldalakon egy sor receptet talál, amelyek a klasszikustól a találékonyakig terjednek. Az illatos fűszernövényekkel meghintett hagyományos kenyérrudaktól a csípős mustárba mártott puha perecekig, és az édes fahéjas csavaroktól a sajtos töltött finomságokig ez a szakácskönyv minden ínynek megfelel. Gondosan összeválogattuk a könnyen követhető recepteket, hasznos tippekkel és technikákkal kísérve, hogy sütési erőfeszítései fergeteges sikerrel járjanak.

Kösd fel hát kötényedet, porold be a kezed liszttel, és készülj egy kulináris kalandra, amely csábító illatokkal tölti meg konyháját, ízlelőbimbóit pedig tiszta élvezettel. Kezdődjön az utazás!

KENYERPÁLAK

1.Palitos de pan

ÖSSZETEVŐK:

- 2 csésze univerzális liszt
- 1 teáskanál só
- 1 teáskanál cukor
- 2 ¼ teáskanál aktív száraz élesztő
- ⅔ csésze meleg víz
- 2 evőkanál olívaolaj
- Választható feltét: szezámmag, mák, reszelt parmezán sajt stb.

UTASÍTÁS:

a) Egy kis tálban oldjuk fel a cukrot meleg vízben. Felszórjuk az élesztőt a vízbe, és hagyjuk állni körülbelül 5 percig, amíg habos nem lesz.
b) Egy keverőtálban keverje össze a mindenre alkalmas lisztet és a sót. A közepébe mélyedést készítünk, és beleöntjük az élesztős keveréket és az olívaolajat.
c) Keverjük össze a hozzávalókat, amíg tészta nem lesz. Vigye át a tésztát lisztezett felületre, és 5-10 percig gyúrja, amíg sima és rugalmas lesz. Ha szükséges, adjunk hozzá még lisztet, hogy ne ragadjon össze.
d) A tésztát kivajazott tálba tesszük, tiszta konyharuhával letakarjuk, és meleg helyen kb 1 órát kelesztjük, vagy amíg a duplájára nem kel.
e) Melegítsd elő a sütőt 200°C-ra, és bélelj ki egy tepsit sütőpapírral.
f) Nyomd le a tésztát, hogy a légbuborékok kiszabaduljanak. Osszuk a tésztát kis részekre, és minden részt vékony rúdszerű formára nyújtsunk, körülbelül ½ hüvelyk vastagságúak és 6-8 hüvelyk hosszúak.

g) Helyezze a kenyérrudakat az előkészített tepsire, hagyjon köztük helyet. Ha kívánja, szórja meg az opcionális feltéteket, például szezámmagot, mákot vagy reszelt parmezán sajtot a kenyérrudakra.

h) Süssük a rudakat az előmelegített sütőben körülbelül 12-15 percig, vagy amíg aranybarnák és ropogósak nem lesznek.

i) Tálalás előtt vegyük ki a zsemlerudakat a sütőből, és hagyjuk kihűlni egy rácson.

2.Grissini minden erbe

ÖSSZETEVŐK:

- 1 vekni francia kenyér (8 uncia)
- 1 evőkanál olívaolaj
- 1 gerezd fokhagyma, félbevágva
- $\frac{3}{4}$ teáskanál szárított oregánó
- $\frac{3}{4}$ teáskanál szárított bazsalikom
- $\frac{1}{8}$ teáskanál só

UTASÍTÁS:

a) A kenyeret keresztben félbevágjuk, és minden darabot vízszintesen kettévágunk.

b) Kenje meg olajjal egyenletesen a kenyér vágott oldalát; bedörzsöljük fokhagymával. A kenyérre szórjuk az oregánót, a bazsalikomot és a sót. Mindegyik kenyeret hosszában 3 rúdra vágjuk.

c) Helyezze a kenyérrudakat egy sütőlapra; süssük 300 fokon 25 percig, vagy amíg ropogós nem lesz.

3. Egy sparag us Breadsticks

ÖSSZETEVŐK:
- 2 kenyértészta cipó
- 1 nagy tojásfehérje
- ¼ csésze reszelt parmezán sajt
- 1 teáskanál szárított tárkonylevél
- 1 teáskanál Szárított kaporfű

UTASÍTÁS:
a) Helyezze a cipókat lisztezett deszkára, és mindegyik cipót 5x10"-es téglalappá verje. Enyhén fedje le műanyag fóliával, és hagyja kelni, amíg 45 perc és 1 óra között megpuhul.
b) Mindegyik cipót keresztben 9 egyenlő darabra vágjuk.
c) Vegyük fel mindegyik darab végét, nyújtsuk ki egy 12x15"-es, kivajazott tepsi hosszára, és tegyük tepsire; ha a tészta visszapattan, hagyjuk pihenni néhány percig, majd nyújtsuk újra.
d) Ismételje meg az egyes pálcák elkészítéséhez, körülbelül 1½ hüvelykes távolsággal.
e) 45'-es szögben lévő ollóval vágja fel a tésztát úgy, hogy mindegyik pálcika 1 végén kb.

4. Grissini

ÖSSZETEVŐK:

- 2 csésze kenyérliszt
- 1 teáskanál só
- 1 teáskanál cukor
- 1 evőkanál olívaolaj
- ¾ csésze meleg víz
- Nem kötelező: szezámmag vagy mák a szóráshoz

UTASÍTÁS:

a) Egy keverőtálban keverjük össze a kenyérlisztet, a sót és a cukrot. Jól keverjük össze, hogy az összetevők egyenletesen oszlanak el.
b) A száraz hozzávalók közepébe mélyedést készítünk, és beleöntjük az olívaolajat és a meleg vizet.
c) A masszát fakanállal vagy kezünkkel addig keverjük, amíg tésztává nem áll.
d) Vigyük át a tésztát lisztezett felületre, és dagasszuk körülbelül 5-7 percig, amíg sima és rugalmas nem lesz.
e) A tésztát kisebb részekre osztjuk. Vegyünk egy-egy adagot, és nyújtsuk ki vékony, körülbelül ¼ hüvelyk átmérőjű, kötélszerű formára.
f) A kinyújtott tésztát 8-10 hüvelyk hosszú rudakká vágjuk. Ízlés szerint rövidítheti vagy hosszabbíthatja őket.
g) Helyezze a grissini rudakat egy sütőpapírral bélelt tepsire. Hagyjon helyet a rudak között, hogy kitáguljanak.
h) Kívánság szerint megkenheti a grissini rudakat olívaolajjal, és szezámmagot vagy mákot szórhat a tetejére a további íz és állag érdekében.
i) Melegítsd elő a sütőt 200°C-ra (400°F).

j) A grissini rudakat pihentetjük, és körülbelül 15-20 percig kelesztjük.

k) Süssük a grissinit az előmelegített sütőben körülbelül 15-20 percig, vagy amíg aranybarna és ropogós nem lesz.

l) Ha megsült, vegyük ki a grissinit a sütőből, és rácson hagyjuk kihűlni.

5. Taralli

ÖSSZETEVŐK:

- 4 csésze univerzális liszt
- 2 teáskanál sót
- 2 teáskanál cukor
- 2 teáskanál sütőpor
- 120 ml (½ csésze) fehérbor
- 120 ml (½ csésze) extra szűz olívaolaj
- Víz (szükség szerint)
- Választható ízesítők: édesköménymag, fekete bors, chili pehely stb.

UTASÍTÁS:

a) Egy nagy keverőtálban keverjük össze a lisztet, a sót, a cukrot és a sütőport. Jól összekeverni.

b) Adjuk hozzá a fehérbort és az olívaolajat a száraz hozzávalókhoz. Addig keverjük, amíg a hozzávalók össze nem kezdenek.

c) Fokozatosan, apránként adjunk hozzá vizet, miközben kézzel gyúrjuk a tésztát, amíg sima és enyhén kemény tésztát nem kapunk. A szükséges vízmennyiség a környezet páratartalmától függően változhat.

d) Ha szükséges, adjon hozzá ízesítőket, például édesköménymagot, fekete borsot vagy chili pehelyt a tésztához. Gyúrjuk át még néhányszor a tésztát, hogy az ízek egyenletesen oszlanak el.

e) Osszuk kisebb részekre a tésztát, és mindegyik részt vékony, körülbelül 1 cm (0,4 hüvelyk) átmérőjű kötélré sodorjuk.

f) Vágja a kötelet kis darabokra, körülbelül 7-10 cm (2,8-4 hüvelyk) hosszúságúra.

g) Vegyünk minden darabot, és csatlakoztassuk egymáshoz a végeit, így gyűrűt formálunk.
h) Melegítsük elő a sütőt 180°C-ra (350°F).
i) Forraljunk fel egy nagy fazék vizet. Adjunk hozzá egy marék sót a forrásban lévő vízhez.
j) Egyszerre óvatosan csepegtessünk néhány tarallit a forrásban lévő vízbe, és főzzük körülbelül 1-2 percig, vagy amíg fel nem úsznak a felszínre.
k) Vágott kanállal vagy szkimmerrel vegyük ki a megfőtt tarallit a vízből, és tegyük át egy sütőpapírral bélelt tepsire.
l) Helyezze a Tarallit az előmelegített sütőbe, és süsse körülbelül 25-30 percig, vagy amíg aranybarna és ropogós nem lesz.
m) Tálalás előtt vegyük ki a Tarallit a sütőből, és hagyjuk teljesen kihűlni.

6.Ferrarese kenyér

ÖSSZETEVŐK:

- 500 g liszt 00
- 175 g víz
- 30 g disznózsír
- 50 g anyaélesztő
- 9 g só
- 5 g maláta
- 20 g extra szűz olívaolaj

UTASÍTÁS:

a) Egy tálba öntjük a vizet, a malátát és felfuttatjuk benne az anyaélesztőt, hozzáadjuk a lisztet és addig dolgozzuk, amíg minden el nem keveredik. Helyezzük bele a disznózsírt és hagyjuk jól felszívódni, ha kész a tészta, adjuk hozzá az olajat és a sót, és gyúrjuk sima, homogén masszát. Osszuk fel a tésztát 8 95-100 g-os cipóra, így 4 ferrara-párt kapunk, amelyek körülbelül 195-200 g-osak.

b) Minden kockát sodrófával vagy tésztagéppel addig dolgozzunk, amíg 1,2 cm vastagságot nem kapunk.

c) Most minden cipót tekerjünk fel: egyik kezünkkel tartsuk meg az egyik végét, a másikkal kezdjük el tekerni és kitekerni, és lassan menjünk majdnem a cipó végéig, ismételjük meg a műveletet egy másik cipóval.

d) Ekkor párosítsuk össze őket (közepükre kell nyomni), és 90-120 percre meleg helyen egy tepsire kelesztjük.

e) Melegítsük elő a sütőt 200°C-ra és süssük 18-20 percig.

7.Coppia Ferrarese mézzel

ÖSSZETEVŐK:
SZABADSÁGRA:
- 200 g univerzális liszt
- 1 teáskanál olívaolaj
- 1 teáskanál méz
- Langyos víz
- A tésztához:
- 1 kg liszt (0-s típus)
- 350 ml vizet
- 60 gramm sertészsír
- 40 ml extra szűz olívaolaj
- 100 g levelek
- 1 teáskanál só
- 1 evőkanál árpamaláta

UTASÍTÁS:
ELHAGY:
a) Tegyünk 200 g lisztet egy tálba.
b) Adjunk hozzá egy kis langyos vizet, egy teáskanál olajat és egy teáskanál mézet.
c) Addig keverjük, amíg csomómentes, sima keveréket nem kapunk.
d) A lisztes keverékből golyót formázunk.
e) Helyezze a lisztgolyót egy tálba.
f) Fedjük le a tálat nedves konyharuhával.
g) A lisztet 48 órán át pihentetjük, erjedni.
h) Adjunk hozzá néhány teáskanál langyos vizet, gyúrjuk újra, és fedjük le még egyszer egy nedves konyharuhával.
i) A leveleket minden héten frissíteni kell.
KENYÉRHEZ:

j) Tegye a tészta összes hozzávalóját egy erős turmixgépbe.
k) Kapcsolja be a mixert, és dagasszon 15-20 percig.
l) Helyezze át a tésztát egy munkalapra vagy sima felületre.
m) A tésztát körülbelül 5 cm átmérőjű golyókra osztjuk.
n) A kézi formázáshoz lisztezett felületen minden golyót kinyújtunk kb. 30 cm hosszú csíkokra.
o) A réteshez hasonlóan a tenyerünkkel nyomkodjuk a tésztát, miközben kúp alakú szarvakra sodorjuk.
p) Az ilyen tekercsek párjait fonja össze, hogy megkapja a párok jellegzetes alakját (négy kúp alakú szarv, amelyek a közepén vannak átszőve).
q) Ha megformázzuk, rakjuk át a párokat egy fa deszkára.
r) Takarjuk le a párokat nedves konyharuhával.
s) Hagyja pihenni 1-1 és fél óráig.
t) Melegítse elő a sütőt 375 °F-ra.
u) Süssük aranybarnára a párokat.
v) Vegye ki a Coppia Ferrarese-t a sütőből, és csúsztassa rácsra hűlni.
w) A Coppia Ferrarese felszolgálásra kész.

8.Pumpernickel és rozs kenyérpálcikák

ÖSSZETEVŐK:

- 1 csésze rozsliszt
- 1 csésze univerzális liszt
- 1/2 csésze pumpernikkelliszt
- 2 teáskanál sütőpor
- 1 teáskanál só
- 1 teáskanál köménymag
- 1/4 csésze sózatlan vaj, olvasztott
- 3/4 csésze tej

UTASÍTÁS:

a) Melegítsük elő a sütőt 190 °C-ra (375 °F). Egy tepsit kibélelünk sütőpapírral.
b) Egy nagy tálban keverje össze a rozslisztet, az univerzális lisztet, a pumpernikkellisztet, a sütőport, a sót és a köménymagot.
c) Egy külön tálban keverjük össze az olvasztott vajat és a tejet. A nedves hozzávalókat a száraz hozzávalókhoz öntjük, és addig keverjük, amíg a tészta összeáll.
d) A tésztát enyhén lisztezett felületre borítjuk, és néhányszor simára gyúrjuk.
e) Osszuk a tésztát 12 egyenlő részre, és mindegyik darabot sodorjuk egy 6 hüvelyk (15 cm) hosszú kenyérrúdká.
f) Helyezze a kenyérrudakat az előkészített tepsire, és süsse 15-18 percig, vagy amíg aranybarna nem lesz.
g) Tálalás előtt hagyja kissé kihűlni a kenyérrudakat.

9.Rozmaring és kakukkfű kenyérpálcikák

ÖSSZETEVŐK:

- 2 1/4 csésze univerzális liszt
- 2 teáskanál sütőpor
- 1 teáskanál só
- 1 evőkanál friss rozmaring, apróra vágva
- 1 evőkanál friss kakukkfű levél
- 1/4 csésze sózatlan vaj, olvasztott
- 3/4 csésze tej

UTASÍTÁS:

a) Melegítsük elő a sütőt 190 °C-ra (375 °F). Egy tepsit kibélelünk sütőpapírral.
b) Egy nagy tálban keverjük össze a lisztet, a sütőport, a sót, a friss rozmaringot és a friss kakukkfű leveleket.
c) Egy külön tálban keverjük össze az olvasztott vajat és a tejet. A nedves hozzávalókat a száraz hozzávalókhoz öntjük, és addig keverjük, amíg a tészta összeáll.
d) A tésztát enyhén lisztezett felületre borítjuk, és néhányszor simára gyúrjuk.
e) Osszuk a tésztát 12 egyenlő részre, és mindegyik darabot sodorjuk egy 6 hüvelyk (15 cm) hosszú kenyérrúdká.
f) Helyezze a kenyérrudakat az előkészített tepsire, és süsse 15-18 percig, vagy amíg aranybarna nem lesz.
g) Tálalás előtt hagyja kissé kihűlni a kenyérrudakat.

10.Zsályás kenyérpálcikák

ÖSSZETEVŐK:

- 2 1/4 csésze univerzális liszt
- 2 teáskanál sütőpor
- 1 teáskanál só
- 1 evőkanál friss zsálya, apróra vágva
- 1/4 csésze sózatlan vaj, olvasztott
- 3/4 csésze tej

UTASÍTÁS:

a) Melegítsük elő a sütőt 190 °C-ra (375 °F). Egy tepsit kibélelünk sütőpapírral.
b) Egy nagy tálban keverjük össze a lisztet, a sütőport, a sót és a friss zsályát.
c) Egy külön tálban keverjük össze az olvasztott vajat és a tejet. A nedves hozzávalókat a száraz hozzávalókhoz öntjük, és addig keverjük, amíg a tészta összeáll.
d) A tésztát enyhén lisztezett felületre borítjuk, és néhányszor simára gyúrjuk.
e) Osszuk a tésztát 12 egyenlő részre, és mindegyik darabot sodorjuk egy 6 hüvelyk (15 cm) hosszú kenyérrúdká.
f) Helyezze a kenyérrudakat az előkészített tepsire, és süsse 15-18 percig, vagy amíg aranybarna nem lesz.
g) Tálalás előtt hagyja kissé kihűlni a kenyérrudakat.

11.Puha kenyérrudak édesköménymaggal

ÖSSZETEVŐK:

- 2 1/4 csésze univerzális liszt
- 2 teáskanál sütőpor
- 1 teáskanál só
- 2 evőkanál édesköménymag
- 1/4 csésze sózatlan vaj, olvasztott
- 3/4 csésze tej

UTASÍTÁS:

a) Melegítsük elő a sütőt 190 °C-ra (375 °F). Egy tepsit kibélelünk sütőpapírral.
b) Egy nagy tálban keverjük össze a lisztet, a sütőport, a sót és az édesköménymagot.
c) Egy külön tálban keverjük össze az olvasztott vajat és a tejet. A nedves hozzávalókat a száraz hozzávalókhoz öntjük, és addig keverjük, amíg a tészta összeáll.
d) A tésztát enyhén lisztezett felületre borítjuk, és néhányszor simára gyúrjuk.
e) Osszuk a tésztát 12 egyenlő részre, és mindegyik darabot sodorjuk egy 6 hüvelyk (15 cm) hosszú kenyérrúdká.
f) Helyezze a kenyérrudakat az előkészített tepsire, és süsse 15-18 percig, vagy amíg aranybarna nem lesz.
g) Tálalás előtt hagyja kissé kihűlni a kenyérrudakat.

12.Vadrizs kenyérpálcikák

ÖSSZETEVŐK:

- 1 csésze főtt vadrizs
- 2 1/4 csésze univerzális liszt
- 2 teáskanál sütőpor
- 1 teáskanál só
- 1/4 csésze sózatlan vaj, olvasztott
- 3/4 csésze tej

UTASÍTÁS:

a) Melegítsük elő a sütőt 190 °C-ra (375 °F). Egy tepsit kibélelünk sütőpapírral.
b) Egy nagy tálban keverjük össze a főtt vadrizst, a lisztet, a sütőport és a sót.
c) Egy külön tálban keverjük össze az olvasztott vajat és a tejet. A nedves hozzávalókat a száraz hozzávalókhoz öntjük, és addig keverjük, amíg a tészta összeáll.
d) A tésztát enyhén lisztezett felületre borítjuk, és néhányszor simára gyúrjuk.
e) Osszuk a tésztát 12 egyenlő részre, és mindegyik darabot sodorjuk egy 6 hüvelyk (15 cm) hosszú kenyérrúdká.
f) Helyezze a kenyérrudakat az előkészített tepsire, és süsse 15-18 percig, vagy amíg aranybarna nem lesz.
g) Tálalás előtt hagyja kissé kihűlni a kenyérrudakat.

13. Hagymás-édeskömény kenyérpálcikák

ÖSSZETEVŐK:

- 2 1/4 csésze univerzális liszt
- 2 teáskanál sütőpor
- 1 teáskanál só
- 1/2 csésze finomra vágott hagyma
- 1 evőkanál édesköménymag
- 1/4 csésze sózatlan vaj, olvasztott
- 3/4 csésze tej

UTASÍTÁS:

a) Melegítsük elő a sütőt 190 °C-ra (375 °F). Egy tepsit kibélelünk sütőpapírral.
b) Egy nagy tálban keverjük össze a lisztet, a sütőport és a sót.
c) Adjuk hozzá a finomra vágott hagymát és édesköménymagot a száraz hozzávalókhoz, és jól keverjük össze.
d) Egy külön tálban keverjük össze az olvasztott vajat és a tejet. A nedves hozzávalókat a száraz hozzávalókhoz öntjük, és addig keverjük, amíg a tészta összeáll.
e) A tésztát enyhén lisztezett felületre borítjuk, és néhányszor simára gyúrjuk.
f) Osszuk a tésztát 12 egyenlő részre, és mindegyik darabot sodorjuk egy 6 hüvelyk (15 cm) hosszú kenyérrúdká.
g) Helyezze a kenyérrudakat az előkészített tepsire, és süsse 15-18 percig, vagy amíg aranybarna nem lesz.
h) Tálalás előtt hagyja kissé kihűlni a kenyérrudakat.

14.Pepperoni kenyérpálcikák

ÖSSZETEVŐK:

- 2 1/4 csésze univerzális liszt
- 2 teáskanál sütőpor
- 1 teáskanál só
- 1 teáskanál szárított olasz fűszer
- 1/2 csésze finomra vágott pepperoni
- 1/4 csésze sózatlan vaj, olvasztott
- 3/4 csésze tej

UTASÍTÁS:

a) Melegítsük elő a sütőt 190 °C-ra (375 °F). Egy tepsit kibélelünk sütőpapírral.
b) Egy nagy tálban keverjük össze a lisztet, a sütőport, a sót és a szárított olasz fűszereket.
c) Adjuk hozzá a finomra vágott pepperonit a száraz hozzávalókhoz, és jól keverjük össze.
d) Egy külön tálban keverjük össze az olvasztott vajat és a tejet. A nedves hozzávalókat a száraz hozzávalókhoz öntjük, és addig keverjük, amíg a tészta összeáll.
e) A tésztát enyhén lisztezett felületre borítjuk, és néhányszor simára gyúrjuk.
f) Osszuk a tésztát 12 egyenlő részre, és mindegyik darabot sodorjuk egy 6 hüvelyk (15 cm) hosszú kenyérrúdká.
g) Helyezze a kenyérrudakat az előkészített tepsire, és süsse 15-18 percig, vagy amíg aranybarna nem lesz.
h) Tálalás előtt hagyja kissé kihűlni a kenyérrudakat.

15.Prosciutto-ba csomagolt kenyérrudak ábrával

ÖSSZETEVŐK:

- 12 pálcika (bolti vagy házi készítésű)
- 6 szelet prosciutto, hosszában félbevágva
- 6 szárított füge félbevágva

UTASÍTÁS:

a) Melegítsük elő a sütőt 190 °C-ra (375 °F). Egy tepsit kibélelünk sütőpapírral.
b) Csomagoljon be minden zsemlerudat egy fél szelet prosciuttoval.
c) Helyezzen egy félbevágott szárított fügét minden kenyérrúd tetejére, és rögzítse a sonkással.
d) Az előkészített tepsire helyezzük a becsomagolt zsemlerudakat, és 10-12 percig sütjük, vagy amíg a prosciutto ropogós nem lesz.
e) Tálalás előtt hagyja kissé kihűlni a kenyérrudakat.

16.Alap olívaolajos kenyérpálcikák

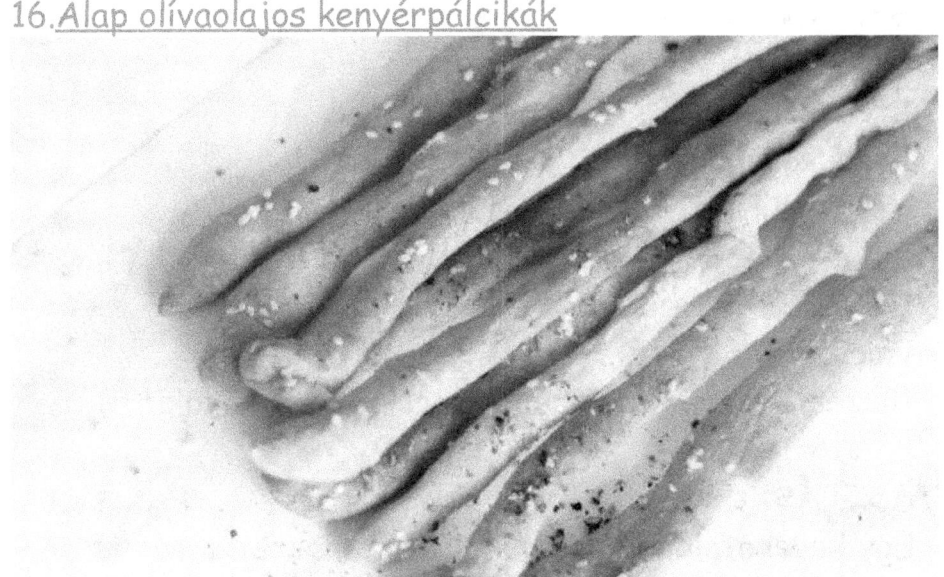

ÖSSZETEVŐK:

- 2 csésze univerzális liszt
- 1 teáskanál só
- 1 teáskanál cukor
- 1 evőkanál aktív száraz élesztő
- 1/2 csésze meleg víz
- 1/4 csésze olívaolaj
- Választható feltétek: durva só, szárított fűszernövények (például rozmaring vagy kakukkfű)

UTASÍTÁS:

a) Egy keverőtálban keverjük össze a lisztet, a sót és a cukrot.
b) Egy külön kis tálban oldjuk fel az élesztőt meleg vízben, és hagyjuk állni 5 percig, amíg habos nem lesz.
c) Adjuk hozzá az élesztős keveréket és az olívaolajat a lisztes keverékhez. Addig keverjük, amíg a tészta összeáll.
d) Tegye át a tésztát egy enyhén lisztezett felületre, és gyúrja körülbelül 5 percig, amíg sima és rugalmas lesz.
e) A tésztát kivajazott tálba tesszük, tiszta konyharuhával letakarjuk, és meleg helyen kb 1 órát kelesztjük, vagy amíg a duplájára nem nő.
f) Melegítsük elő a sütőt 190 °C-ra (375 °F).
g) A tésztát kiszaggatjuk és egyenlő részekre osztjuk.
h) Minden adagot vékony kenyérpálcikára sodorunk.
i) Sütőpapírral bélelt tepsire helyezzük a rudakat.
j) Opcionálisan kenje meg a kenyérrudakat olívaolajjal, és szórja meg durva sóval vagy szárított fűszernövényekkel.
k) 12-15 percig sütjük, vagy amíg aranybarna nem lesz.

l) Tálalás előtt hagyja kihűlni a kenyérrudakat.

17. Kenyérrudak fekete borssal és cheddarral

ÖSSZETEVŐK:

- 2 1/4 csésze univerzális liszt
- 2 teáskanál sütőpor
- 1 teáskanál só
- 1/2 teáskanál fekete bors
- 1 csésze reszelt cheddar sajt
- 1/4 csésze sózatlan vaj, olvasztott
- 3/4 csésze tej

UTASÍTÁS:

a) Melegítsük elő a sütőt 190 °C-ra (375 °F). Egy tepsit kibélelünk sütőpapírral.
b) Egy nagy tálban keverjük össze a lisztet, a sütőport, a sót és a fekete borsot.
c) Adjuk hozzá a reszelt cheddar sajtot a száraz hozzávalókhoz, és jól keverjük össze.
d) Egy külön tálban keverjük össze az olvasztott vajat és a tejet. A nedves hozzávalókat a száraz hozzávalókhoz öntjük, és addig keverjük, amíg a tészta összeáll.
e) A tésztát enyhén lisztezett felületre borítjuk, és néhányszor simára gyúrjuk.
f) Osszuk a tésztát 12 egyenlő részre, és mindegyik darabot sodorjuk egy 6 hüvelyk (15 cm) hosszú kenyérrúdká.
g) Helyezze a kenyérrudakat az előkészített tepsire, és süsse 15-18 percig, vagy amíg aranybarna nem lesz.
h) Tálalás előtt hagyja kissé kihűlni a kenyérrudakat.

18.Chilis Bacon Kenyérrudak

ÖSSZETEVŐK:

2 1/4 csésze univerzális liszt
2 teáskanál sütőpor
1 teáskanál só
1 evőkanál chili por
1/2 csésze főtt és morzsolt szalonna
1/4 csésze sózatlan vaj, olvasztott
3/4 csésze tej

a) **UTASÍTÁS:**
b) Melegítsük elő a sütőt 190 °C-ra (375 °F). Egy tepsit kibélelünk sütőpapírral.
c) Egy nagy tálban keverjük össze a lisztet, a sütőport, a sót és a chiliport.
d) Adjuk hozzá a megfőtt és morzsolt szalonnát a száraz hozzávalókhoz, és jól keverjük össze.
e) Egy külön tálban keverjük össze az olvasztott vajat és a tejet. A nedves hozzávalókat a száraz hozzávalókhoz öntjük, és addig keverjük, amíg a tészta összeáll.
f) A tésztát enyhén lisztezett felületre borítjuk, és néhányszor simára gyúrjuk.
g) Osszuk a tésztát 12 egyenlő részre, és mindegyik darabot sodorjuk egy 6 hüvelyk (15 cm) hosszú kenyérrúdká.
h) Helyezze a kenyérrudakat az előkészített tepsire, és süsse 15-18 percig, vagy amíg aranybarna nem lesz.
i) Tálalás előtt hagyja kissé kihűlni a kenyérrudakat.

19.Édeskömény és durva sós kenyérpálcikák

ÖSSZETEVŐK:
- 2 1/4 csésze univerzális liszt
- 2 teáskanál sütőpor
- 1 teáskanál só
- 1 evőkanál édesköménymag
- 2 evőkanál durva só
- 1/4 csésze sózatlan vaj, olvasztott
- 3/4 csésze tej

UTASÍTÁS:
a) Melegítsük elő a sütőt 190 °C-ra (375 °F). Egy tepsit kibélelünk sütőpapírral.
b) Egy nagy tálban keverjük össze a lisztet, a sütőport, a sót és az édesköménymagot.
c) Egy külön tálban keverjük össze az olvasztott vajat és a tejet. A nedves hozzávalókat a száraz hozzávalókhoz öntjük, és addig keverjük, amíg a tészta összeáll.
d) A tésztát enyhén lisztezett felületre borítjuk, és néhányszor simára gyúrjuk.
e) Osszuk a tésztát 12 egyenlő részre, és mindegyik darabot sodorjuk egy 6 hüvelyk (15 cm) hosszú kenyérrúdká.
f) Helyezze a kenyérrudakat az előkészített tepsire. Szórjuk meg a durva sót a kenyérrudakra.
g) Süssük 15-18 percig, vagy amíg aranybarna nem lesz.
h) Tálalás előtt hagyja kissé kihűlni a kenyérrudakat.

20.Jalapeno kenyérpálcikák

ÖSSZETEVŐK:

- 2 1/4 csésze univerzális liszt
- 2 teáskanál sütőpor
- 1 teáskanál só
- 2 jalapeno paprika kimagozva és apróra vágva
- 1/4 csésze sózatlan vaj, olvasztott
- 3/4 csésze tej

UTASÍTÁS:

a) Melegítsük elő a sütőt 190 °C-ra (375 °F). Egy tepsit kibélelünk sütőpapírral.
b) Egy nagy tálban keverjük össze a lisztet, a sütőport, a sót és az apróra vágott jalapeno paprikát.
c) Egy külön tálban keverjük össze az olvasztott vajat és a tejet. A nedves hozzávalókat a száraz hozzávalókhoz öntjük, és addig keverjük, amíg a tészta összeáll.
d) A tésztát enyhén lisztezett felületre borítjuk, és néhányszor simára gyúrjuk.
e) Osszuk a tésztát 12 egyenlő részre, és mindegyik darabot sodorjuk egy 6 hüvelyk (15 cm) hosszú kenyérrúdká.
f) Helyezze a kenyérrudakat az előkészített tepsire, és süsse 15-18 percig, vagy amíg aranybarna nem lesz.
g) Tálalás előtt hagyja kissé kihűlni a kenyérrudakat.

21.Kraft sajtos kenyérpálcikák

ÖSSZETEVŐK:

- 2 1/4 csésze univerzális liszt
- 2 teáskanál sütőpor
- 1 teáskanál só
- 1 csésze Kraft reszelt sajt (tölgy, cheddar, mozzarella)
- 1/4 csésze sózatlan vaj, olvasztott
- 3/4 csésze tej

UTASÍTÁS:

a) Melegítsük elő a sütőt 190 °C-ra (375 °F). Egy tepsit kibéleljünk sütőpapírral.
b) Egy nagy tálban keverjük össze a lisztet, a sütőport és a sót.
c) Adjuk hozzá a reszelt sajtot a száraz hozzávalókhoz, és jól keverjük össze.
d) Egy külön tálban keverjük össze az olvasztott vajat és a tejet. A nedves hozzávalókat a száraz hozzávalókhoz öntjük, és addig keverjük, amíg a tészta összeáll.
e) A tésztát enyhén lisztezett felületre borítjuk, és néhányszor simára gyúrjuk.
f) Osszuk a tésztát 12 egyenlő részre, és mindegyik darabot sodorjuk egy 6 hüvelyk (15 cm) hosszú kenyérrúdká.
g) Helyezze a kenyérrudakat az előkészített tepsire, és süsse 15-18 percig, vagy amíg aranybarna nem lesz.
h) Tálalás előtt hagyja kissé kihűlni a kenyérrudakat.

22.Diós kenyérpálcikák

ÖSSZETEVŐK:
- 2 1/4 csésze univerzális liszt
- 2 teáskanál sütőpor
- 1 teáskanál só
- 1/2 csésze apróra vágott dió (tölgy, dió, mandula)
- 1/4 csésze sózatlan vaj, olvasztott
- 3/4 csésze tej

UTASÍTÁS:
a) Melegítsük elő a sütőt 190 °C-ra (375 °F). Egy tepsit kibélelünk sütőpapírral.
b) Egy nagy tálban keverjük össze a lisztet, a sütőport és a sót.
c) Adjuk hozzá a darált diót a száraz hozzávalókhoz, és jól keverjük össze.
d) Egy külön tálban keverjük össze az olvasztott vajat és a tejet. A nedves hozzávalókat a száraz hozzávalókhoz öntjük, és addig keverjük, amíg a tészta összeáll.
e) A tésztát enyhén lisztezett felületre borítjuk, és néhányszor simára gyúrjuk.
f) Osszuk a tésztát 12 egyenlő részre, és mindegyik darabot sodorjuk egy 6 hüvelyk (15 cm) hosszú kenyérrúdká.
g) Helyezze a kenyérrudakat az előkészített tepsire, és süsse 15-18 percig, vagy amíg aranybarna nem lesz.
h) Tálalás előtt hagyja kissé kihűlni a kenyérrudakat.

23.Olívakerti kenyérpálcikák

ÖSSZETEVŐK:
- 2 1/4 csésze univerzális liszt
- 2 teáskanál sütőpor
- 1 teáskanál só
- 1 teáskanál fokhagyma por
- 1 teáskanál szárított oregánó
- 1/4 csésze sózatlan vaj, olvasztott
- 3/4 csésze tej

UTASÍTÁS:
a) Melegítsük elő a sütőt 190 °C-ra (375 °F). Egy tepsit kibélelünk sütőpapírral.
b) Egy nagy tálban keverjük össze a lisztet, a sütőport, a sót, a fokhagymaport és a szárított oregánót.
c) Egy külön tálban keverjük össze az olvasztott vajat és a tejet. A nedves hozzávalókat a száraz hozzávalókhoz öntjük, és addig keverjük, amíg a tészta összeáll.
d) A tésztát enyhén lisztezett felületre borítjuk, és néhányszor simára gyúrjuk.
e) Osszuk a tésztát 12 egyenlő részre, és mindegyik darabot sodorjuk egy 6 hüvelyk (15 cm) hosszú kenyérrúdká.
f) Helyezze a kenyérrudakat az előkészített tepsire, és süsse 15-18 percig, vagy amíg aranybarna nem lesz.
g) Tálalás előtt hagyja kissé kihűlni a kenyérrudakat.

PRECEL

24. elzászi perec

ÖSSZETEVŐK:

- 4 csésze univerzális liszt
- 2 teáskanál sót
- 2 teáskanál cukor
- 2 ¼ teáskanál aktív száraz élesztő
- 1 csésze meleg víz
- 4 evőkanál sótlan vaj, megpuhult
- Durva só, öntethez

lúgos oldathoz (OPCIONÁLIS):
- 4 csésze vizet
- 2 evőkanál szódabikarbóna

UTASÍTÁS:

a) Egy nagy keverőtálban keverjük össze a lisztet, a sót és a cukrot. Jól keverjük össze, hogy az összetevők egyenletesen oszlanak el.

b) Egy kis tálban meleg vízben feloldjuk az élesztőt. Hagyjuk állni körülbelül 5 percig, amíg habos nem lesz.

c) Az élesztős keveréket a tálba öntjük a száraz hozzávalókkal. Adjuk hozzá a puha vajat is. A masszát fakanállal vagy kézzel keverjük addig, amíg tészta nem lesz.

d) Vigyük át a tésztát enyhén lisztezett felületre, és dagasszuk körülbelül 8-10 percig, amíg sima és rugalmas nem lesz.

e) A tésztát enyhén kikent tálba tesszük, és tiszta konyharuhával vagy műanyag fóliával letakarjuk. Hagyja meleg, huzatmentes helyen kelni körülbelül 1-1 ½ órán át, vagy amíg megduplázódik.

f) Melegítsd elő a sütőt 230°C-ra, és bélelj ki egy tepsit sütőpapírral.

g) A megkelt tésztát lenyomkodjuk, hogy kiengedje a levegőt. Osszuk a tésztát egyforma méretű részekre, és minden részt nyújtsunk hosszú, körülbelül 40-50 centiméter (16-20 hüvelyk) hosszú kötéllé.
h) A perec formázásához minden kötelet U alakúra formázunk. A végeket kétszer húzzuk keresztbe egymáson, majd nyomjuk a végeket az U-forma alsó ívére, hogy létrehozzuk a klasszikus perec formát. Helyezze a perecet az előkészített tepsire.
i) Ha szükséges, készítse el a lúgos oldatot úgy, hogy egy nagy fazékban vizet forral fel. A forrásban lévő vízhez adjuk a szódabikarbónát. Óvatosan mártson minden perecet a forrásban lévő lúgos oldatba körülbelül 10 másodpercre, majd tegye vissza a tepsibe. Ez a lépés adja a perec jellegzetes sötét és fényes kérgét. Alternatív megoldásként kihagyhatja ezt a lépést, ha világosabb színű kérget kap.
j) Szórjuk meg bőségesen durva sóval a perecet.
k) Süssük a Bretzel d'Alsace-t az előmelegített sütőben körülbelül 12-15 percig, vagy amíg aranybarna nem lesz.
l) Tálalás előtt vegyük ki a pereceket a sütőből, és hagyjuk kihűlni egy rácson.

25. Ropogós perec cseppek

ÖSSZETEVŐK:
- 2 csésze perec csavarja, enyhén összetörve
- 1 csésze sózatlan földimogyoró vagy vegyes dió
- 1 csésze mini perec
- 1 csésze kukorica gabona négyzetek
- 1/4 csésze sózatlan vaj, olvasztott
- 1 evőkanál Worcestershire szósz
- 1 teáskanál fokhagyma por
- 1 teáskanál hagymapor
- 1/2 teáskanál paprika
- 1/4 teáskanál cayenne bors (elhagyható)

UTASÍTÁS:
a) Melegítsük elő a sütőt 250°F-ra (120°C). Egy tepsit kibélelünk sütőpapírral.
b) Egy nagy tálban keverje össze a perec csavarjait, a földimogyorót, a mini perecet és a kukorica gabonakockákat.
c) Egy külön kis tálban keverje össze az olvasztott vajat, a Worcestershire szószt, a fokhagymaport, a hagymaport, a paprikát és a cayenne borsot (ha használ).
d) Öntsük a vajas keveréket a perec keverékre, és keverjük össze, hogy egyenletesen bevonják.
e) A bevont perec keveréket egyenletes rétegben az előkészített tepsire kenjük.
f) Előmelegített sütőben körülbelül 1 órán át 15 percenként megkeverve sütjük, amíg a perec ropogós és aranybarna nem lesz.
g) Tálalás előtt vegyük ki a sütőből és hagyjuk teljesen kihűlni.

26. Currys perec

ÖSSZETEVŐK:
- 2 csésze perec csavarja
- 2 evőkanál sótlan vaj, olvasztott
- 1 evőkanál curry por
- 1/2 teáskanál fokhagyma por
- 1/2 teáskanál hagymapor
- 1/4 teáskanál cayenne bors (elhagyható)
- Sózzon két kulcsot

UTASÍTÁS:
a) Melegítsük elő a sütőt 325°F-ra (160°C). Egy tepsit kibélelünk sütőpapírral.
b) Egy nagy tálban keverje össze a perecet, az olvasztott vajat, a curryport, a fokhagymaport, a hagymaport, a cayenne borsot (ha használ) és a sót. Dobjuk fel, hogy egyenletesen bevonják a pereceket.
c) A bevont perecet egy rétegben az előkészített tepsire terítjük.
d) Előmelegített sütőben körülbelül 10-15 percig sütjük, egyszer-kétszer megkeverve, amíg a perec megpirul és illatos lesz.
e) Tálalás előtt vegyük ki a sütőből és hagyjuk teljesen kihűlni.

27. Desszert perec

ÖSSZETEVŐK:

- Perec gyökerei vagy csavarásai
- Olvadó csokoládé vagy cukorka (tej-, ét- vagy fehér csokoládé)
- Vegyes öntetek (pl. szórvány, darált dió, kókuszreszelék)

UTASÍTÁS:

a) Egy tepsit kibélelünk sütőpapírral.
b) Olvasszuk fel a csokoládét vagy a cukorkát a csomagoláson található utasítások szerint.
c) Minden perecet mártson az olvasztott csokoládéba, hagyja, hogy a felesleg lecsepegjen.
d) Azonnal megszórjuk a választott feltétekkel, amíg a csokoládé még nedves.
e) Az előkészített tepsire helyezzük a díszített perecet.
f) Hagyja a csokoládét szobahőmérsékleten megdermedni, vagy tegye a tepsit a hűtőbe a gyorsabb megkötés érdekében.
g) Ha összeállt, vegyük ki a hűtőből és tálaljuk.

28. Espresso perec

ÖSSZETEVŐK:
- 2 csésze univerzális liszt
- 1 evőkanál instant eszpresszó por
- 1 teáskanál só
- 1 evőkanál cukor
- 1 csomag (2 ¼ teáskanál) aktív száraz élesztő
- 1 csésze meleg víz
- Durva só a szóráshoz
- 1 tojás, felvert

UTASÍTÁS:
a) Egy nagy tálban keverjük össze a lisztet, az eszpresszóport, a sót és a cukrot.
b) Egy külön kis tálban oldjuk fel az élesztőt meleg vízben, és hagyjuk állni 5 percig, amíg habos nem lesz.
c) Az élesztős keveréket a száraz hozzávalókhoz öntjük, és addig keverjük, amíg tésztát nem kapunk.
d) A tésztát lisztezett felületre borítjuk, és körülbelül 5 percig dagasztjuk, amíg sima és rugalmas nem lesz.
e) A tésztát kivajazott tálba tesszük, tiszta konyharuhával letakarjuk, és meleg helyen kb 1 órát kelesztjük, vagy amíg a duplájára nem nő.
f) Melegítsd elő a sütőt 220°C-ra, és bélelj ki egy tepsit sütőpapírral.
g) A tésztát kis darabokra osztjuk, és mindegyik darabot hosszú kötélformára sodorjuk. A tésztát perec formákba csavarjuk.
h) Az előkészített tepsire helyezzük a perecet, és megkenjük a felvert tojással. A tetejére durva sót szórunk.

i) 12-15 percig sütjük, vagy amíg aranybarna nem lesz. Tálalás előtt hagyjuk kihűlni őket.

29. Pennsylvania holland perec

ÖSSZETEVŐK:

- 2 csésze meleg víz
- 1 evőkanál cukor
- 1 evőkanál aktív száraz élesztő
- 4 ½ csésze univerzális liszt
- 2 teáskanál sót
- ¼ csésze szódabikarbóna
- Durva só a szóráshoz

UTASÍTÁS:

a) Egy nagy tálban keverje össze a meleg vizet és a cukrot. Élesztőt szórjunk a vízre, és hagyjuk állni 5 percig, vagy amíg habos nem lesz.
b) Adjunk hozzá lisztet és sót a tálba, és keverjük addig, amíg tészta nem lesz.
c) A tésztát lisztezett felületre borítjuk, és körülbelül 5 percig dagasztjuk, amíg sima és rugalmas nem lesz.
d) A tésztát kivajazott tálba tesszük, tiszta konyharuhával letakarjuk, és meleg helyen kb 1 órát kelesztjük, vagy amíg a duplájára nem nő.
e) Melegítsd elő a sütőt 230°C-ra, és bélelj ki egy tepsit sütőpapírral.
f) Egy nagy fazékban felforraljuk a vizet, és hozzáadjuk a szódabikarbónát.
g) A tésztát kis darabokra osztjuk, és mindegyik darabot hosszú kötélformára sodorjuk. A tésztát perec formákba csavarjuk.
h) Minden perecet mártson bele a forrásban lévő szódabikarbónás vízbe körülbelül 30 másodpercre, és helyezze az előkészített tepsire.
i) A perec tetejére durva sót szórunk.

j) Süssük 10-12 percig, vagy amíg aranybarna nem lesz. Tálalás előtt hagyjuk kihűlni őket.

30.Paprika sajtos perec

ÖSSZETEVŐK:

- 2 csésze univerzális liszt
- 1 evőkanál cukor
- 1 ½ teáskanál sütőpor
- 1 teáskanál só
- 1 teáskanál fekete bors
- 1 csésze reszelt paprika sajt
- ½ csésze tej
- ¼ csésze sózatlan vaj, olvasztott
- Durva só a szóráshoz

UTASÍTÁS:

a) Melegítsd elő a sütőt 220°C-ra, és bélelj ki egy tepsit sütőpapírral.
b) Egy nagy tálban keverjük össze a lisztet, a cukrot, a sütőport, a sót, a fekete borsot és a reszelt sajtot.
c) Egy külön kis tálban keverjük össze a tejet és az olvasztott vajat.
d) A tej-vaj keveréket a száraz hozzávalókhoz öntjük, és addig keverjük, amíg tészta nem lesz.
e) A tésztát lisztezett felületre borítjuk, és néhány perc alatt simára gyúrjuk.
f) A tésztát kis darabokra osztjuk, és mindegyik darabot hosszú kötélformára sodorjuk. A tésztát perec formákba csavarjuk.
g) Helyezzük a perecet az előkészített tepsire, és szórjunk rá durva sót.
h) 12-15 percig sütjük, vagy amíg aranybarna nem lesz. Tálalás előtt hagyjuk kihűlni őket.

31.Borsmenta perec vesszők

ÖSSZETEVŐK:

- 12 perec gyökér
- 1 csésze fehér csokoládé chips
- ½ teáskanál borsmenta kivonat
- Díszítésnek zúzott cukorkák

UTASÍTÁS:

a) Egy tepsit kibélelünk sütőpapírral.
b) Egy mikrohullámú sütőben használható edényben 30 másodperces időközönként olvasszuk fel a fehér csokoládédarabkákat, közben keverjük, amíg sima és felolvad.
c) Az olvasztott csokoládéhoz keverjük a borsmenta kivonatot.
d) Minden perec rudat mártsunk bele az olvasztott csokoládéba, és vonjuk be kb.
e) Helyezze a bevont perec rudakat az előkészített tepsire, és szórja meg a zúzott cukorkát a csokoládébevonattal.
f) Tegye a tepsit a hűtőbe körülbelül 15-20 percre, vagy amíg a csokoládé megkeményedik.
g) Ha megszilárdult, vegyük ki a perecet a hűtőből és tálaljuk.

32. Philadelphiai puha perec

ÖSSZETEVŐK:
- 1 ½ csésze meleg víz
- 1 evőkanál cukor
- 2 teáskanál sót
- 1 csomag (2 ¼ teáskanál) aktív száraz élesztő
- 4 ½ csésze univerzális liszt
- 4 evőkanál sózatlan vaj, olvasztott
- Durva só a szóráshoz

UTASÍTÁS:
a) Egy nagy tálban keverje össze a meleg vizet, a cukrot és a sót. Szórjuk meg az élesztőt a vízhez, és hagyjuk állni 5 percig, vagy amíg habos nem lesz.
b) Adjuk hozzá a lisztet és az olvasztott vajat a tálba, és addig keverjük, amíg tésztát nem kapunk.
c) A tésztát lisztezett felületre borítjuk, és körülbelül 5-7 percig dagasztjuk, amíg sima és rugalmas nem lesz.
d) A tésztát kivajazott tálba tesszük, tiszta konyharuhával letakarjuk, és meleg helyen kb 1 órát kelesztjük, vagy amíg a duplájára nem nő.
e) Melegítsd elő a sütőt 220°C-ra, és bélelj ki egy tepsit sütőpapírral.
f) A tésztát egyforma méretű darabokra osztjuk, és mindegyik darabot hosszú kötélformára sodorjuk. Formázzunk perec formákat a tésztából.
g) Helyezzük a perecet az előkészített tepsire, és szórjunk rá durva sót.
h) 12-15 percig sütjük, vagy amíg aranybarna nem lesz. Tálalás előtt hagyjuk kihűlni őket.

33. Schokoladenperec (csokoládé perec)

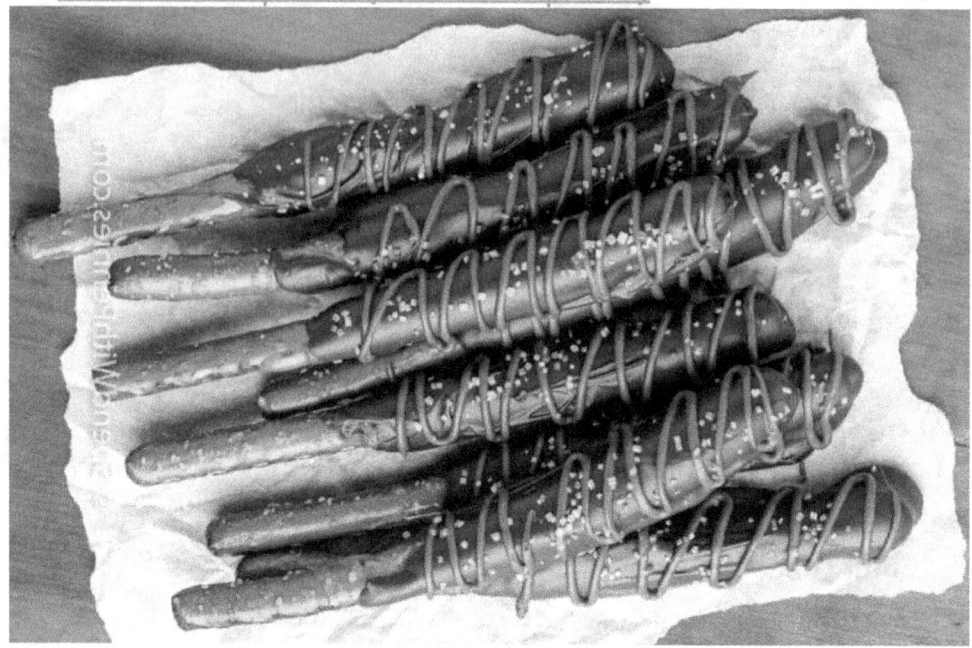

ÖSSZETEVŐK:

- 12 perec csavarja vagy rúdja
- 1 csésze félédes csokireszelék
- 1 evőkanál növényi olaj
- Vegyes öntetek (szórt, darált dió, kókuszreszelék stb.)

UTASÍTÁS:

a) Egy tepsit kibélelünk sütőpapírral.
b) Egy mikrohullámú sütőben használható tálban keverje össze a csokoládédarabkákat és a növényi olajat. Mikrohullámú sütőben 30 másodperces időközönként, közben kevergetve sütjük, amíg a csokoládé teljesen fel nem olvad és sima.
c) Minden perec csavart vagy gyökeret mártson az olvasztott csokoládéba, teljesen bevonva.
d) Hagyja lecsepegni a felesleges csokoládét, majd helyezze a bevont perecet az előkészített tepsire.
e) Amíg a csokoládé még nedves, szórjuk a kívánt feltétet a perecekre.
f) Ismételje meg a folyamatot a maradék perecekkel.
g) Helyezze a tepsit a hűtőbe körülbelül 20 percre, vagy amíg a csokoládé megkeményedik.
h) Ha megszilárdult, vegyük ki a csokis perecet a hűtőből és tálaljuk.

34. Pókperec

ÖSSZETEVŐK:

- 24 kis perec csavar
- 1 csésze félédes csokireszelék
- 48 cukorka szem
- 24 kis kerek cukorka (M&Ms vagy hasonló)

UTASÍTÁS:
a) Egy tepsit kibélelünk sütőpapírral.
b) Egy mikrohullámú sütőben használható tálban olvasszuk fel a csokoládédarabkákat 30 másodperces időközönként, közben keverjük, amíg sima és felolvad.
c) Minden pereccsavart félig mártson az olvasztott csokoládéba, ügyelve arra, hogy a végeit fedetlenül hagyja.
d) Az előkészített tepsire helyezzük a csokoládéba mártott perecet.
e) Rögzítsen két cukorkaszemet minden perecre a tetejéhez közel.
f) Helyezzen egy kis kerek édességet a közepére, közvetlenül a szemek alá, hogy létrehozza a pók testét.
g) Ismételje meg a folyamatot a maradék perecekkel.
h) Helyezze a tepsit a hűtőbe körülbelül 20 percre, vagy amíg a csokoládé megkeményedik.
i) Ha megszilárdult, vegyük ki a pókperecet a hűtőből és tálaljuk.

35. Taralli (olasz perec)

ÖSSZETEVŐK:

- 3 csésze univerzális liszt
- 1 teáskanál só
- 1 teáskanál fekete bors
- 1 teáskanál édesköménymag
- $\frac{1}{4}$ csésze extra szűz olívaolaj
- 1 csésze száraz fehérbor

UTASÍTÁS:

a) Melegítsd elő a sütőt 175°C-ra, és béleld ki egy tepsit sütőpapírral.
b) Egy nagy tálban keverjük össze a lisztet, a sót, a fekete borsot és az édesköménymagot.
c) Adjuk hozzá az olívaolajat a tálba, és keverjük addig, amíg jól el nem keveredik.
d) Fokozatosan adjuk hozzá a fehérbort, addig keverjük, amíg tészta nem lesz.
e) A tésztát lisztezett felületre borítjuk, és néhány perc alatt simára gyúrjuk.
f) A tésztát kis darabokra osztjuk, és mindegyik darabot körülbelül $\frac{1}{2}$ hüvelyk vastagságú és 4-6 hüvelyk hosszú kötélformára sodorjuk.
g) Formázzunk minden kötelet perec alakúra, a végeit nyomja össze a rögzítéshez.
h) Helyezze a perecet az előkészített tepsire.
i) Süssük 20-25 percig, vagy amíg aranybarna nem lesz.
j) Tálalás előtt hagyjuk kihűlni a tarallit.

36. Teknős perec

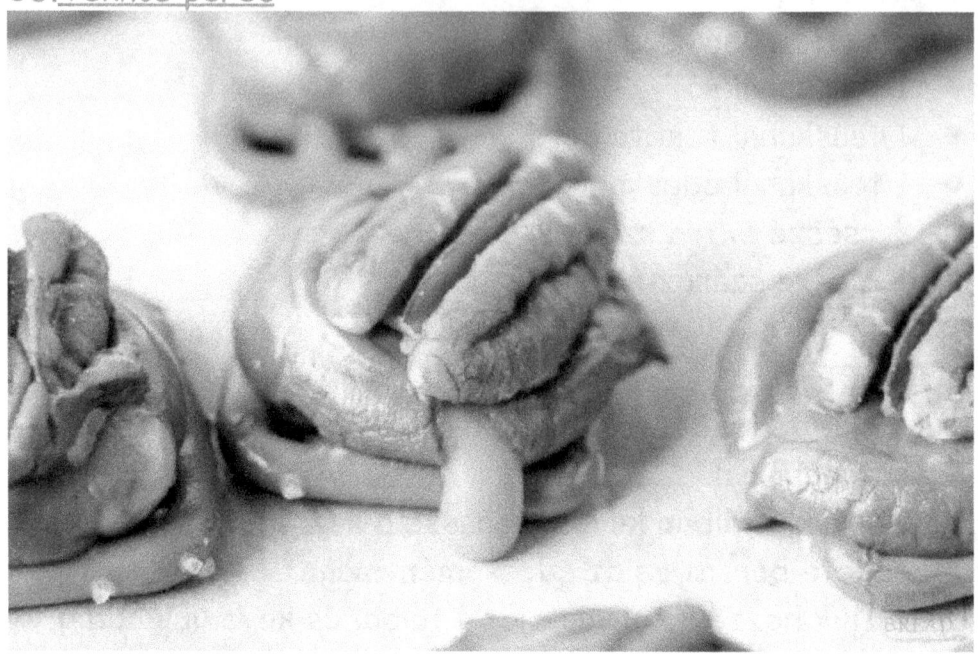

ÖSSZETEVŐK:

- 24 kis perec csavar vagy négyzet
- 24 csokoládéval bevont karamell cukorka (például Rolo)
- 24 fél pekándió

UTASÍTÁS:

a) Melegítsd elő a sütőt 175°C-ra, és bélelj ki egy tepsit sütőpapírral.
b) Helyezze a perec csavarjait vagy négyzeteit az előkészített tepsire.
c) Csomagold ki a csokoládéval bevont karamell bonbonokat, és tegyél egyet minden perec tetejére.
d) 2-3 percig sütjük, amíg a karamell meg nem puhul.
e) Vegye ki a tepsit a sütőből, és finoman nyomjon egy-egy pekándió felét minden karamellre, kissé elsimítva.
f) Tálalás előtt hagyjuk teljesen kihűlni a teknős pereceket.

37. Fehér csokoládé cukorka perec

ÖSSZETEVŐK:
- 24 perec csavar
- 1 csésze fehér csokoládé chips
- 1 evőkanál növényi olaj
- Vegyes színű cukorka megolvad vagy megszórja

UTASÍTÁS:
a) Egy tepsit kibélelünk sütőpapírral.
b) Egy mikrohullámú sütőben használható edényben keverje össze a fehér csokoládédarabkákat és a növényi olajat. Mikrohullámú sütőben 30 másodperces időközönként, közben kevergetve sütjük, amíg a csokoládé teljesen fel nem olvad és sima.
c) Az olvasztott fehér csokoládéba mártsuk minden pereccsavart úgy, hogy teljesen bevonjuk.
d) Hagyja lecsepegni a felesleges csokoládét, majd helyezze a bevont perecet az előkészített tepsire.
e) Amíg a fehér csokoládé még nedves, a színes cukorka olvadékot vagy szórjuk rá díszítésképpen a perecekre.
f) Ismételje meg a folyamatot a maradék perecekkel.
g) Helyezze a tepsit a hűtőbe körülbelül 20 percre, vagy amíg a csokoládé megkeményedik.
h) Ha megszilárdult, vegyük ki a hűtőszekrényből a fehér csokis cukorka perecet és tálaljuk.

38. Sült perec

ÖSSZETEVŐK:

- 2 ¼ csésze univerzális liszt
- 1 teáskanál só
- 1 evőkanál cukor
- 2 ¼ teáskanál instant élesztő
- 1 csésze meleg víz
- 2 evőkanál szódabikarbóna
- Durva só a szóráshoz

UTASÍTÁS:

Egy keverőtálban keverjük össze a lisztet, a sót, a cukrot és az élesztőt. Adjunk hozzá meleg vizet, és keverjük addig, amíg tészta nem lesz.

Gyúrjuk a tésztát enyhén lisztezett felületen körülbelül 5 percig, amíg sima és rugalmas nem lesz.

A tésztát egyforma méretű darabokra osztjuk, és mindegyik darabot hosszú kötélre sodorjuk.

A köteleket perecké formázzuk úgy, hogy a végüket keresztezzük egymáson, és rányomjuk az alsó ívre.

Melegítsd elő a sütőt 220°C-ra (425°F).

Egy nagy fazékban felforraljuk a vizet. Adjunk hozzá szódabikarbónát.

Forraljuk a perecet, egyet-kettőt, körülbelül 30 másodpercig. Szűrőkanállal szedjük ki őket, és tegyük sütőpapírral bélelt tepsire.

A pereceket megszórjuk durva sóval.
Előmelegített sütőben körülbelül 12-15 percig sütjük, vagy amíg aranybarna nem lesz.
Tálalás előtt vegyük ki a sütőből és hagyjuk kicsit kihűlni.

39. Hajdina perec

ÖSSZETEVŐK:

2 csésze hajdinaliszt
1 csésze univerzális liszt
2 teáskanál sót
1 teáskanál cukor
1 ¼ csésze meleg víz
2 ¼ teáskanál instant élesztő
Durva só a szóráshoz

UTASÍTÁS:

Egy keverőtálban keverje össze a hajdinalisztet, az univerzális lisztet, a sót, a cukrot, az élesztőt és a meleg vizet. Addig keverjük, amíg tészta képződik.

Gyúrjuk a tésztát enyhén lisztezett felületen körülbelül 5 percig, amíg sima és rugalmas nem lesz.

A tésztát egyforma méretű darabokra osztjuk, és mindegyik darabot hosszú kötélre sodorjuk.

A köteleket perecké formázzuk úgy, hogy a végüket keresztezzük egymáson, és rányomjuk az alsó ívre.

Melegítsd elő a sütőt 220°C-ra (425°F).
Sütőpapírral bélelt tepsire helyezzük a pereceket.
A pereceket megszórjuk durva sóval.
Előmelegített sütőben körülbelül 12-15 percig sütjük, vagy amíg aranybarna nem lesz.

Tálalás előtt vegyük ki a sütőből és hagyjuk kicsit kihűlni.

40. Karamellbe mártott csokoládéval bevont perec

ÖSSZETEVŐK:

- Perec gyökerei
- 1 csésze karamell (csomagolatlan)
- 1 csésze csokoládé chips
- Vegyes öntetek (pl. szórható, darált dió)

UTASÍTÁS:

a) Egy tepsit kibélelünk sütőpapírral.
b) Olvasszuk fel a karamelleket egy mikrohullámú sütőben használható tálban a csomagoláson található utasítások szerint.
c) Mártson minden perec gyökeret az olvasztott karamellbe, hagyja, hogy a felesleg lecsepegjen. A karamellel bevont perecet az előkészített tepsire helyezzük.
d) Helyezze a tepsit a hűtőbe körülbelül 15 percre, hogy a karamell megszilárduljon.
e) Egy másik, mikrohullámú sütőben használható edényben olvasszuk fel a csokoládédarabkákat a mikrohullámú sütőben, 30 másodpercenként keverjük simára.
f) Minden karamellel bevont perec rudat mártson az olvasztott csokoládéba, hagyja, hogy a felesleg lecsepegjen.
g) Azonnal megszórjuk a választott feltétekkel, amíg a csokoládé még nedves.
h) A csokoládéba mártott perecet visszahelyezzük a tepsire, és hűtőbe tesszük, amíg a csokoládé megdermed.
i) Ha összeállt, vegyük ki a hűtőből és tálaljuk.

41. Sajt és dijoni perec

ÖSSZETEVŐK:

- 2 ¼ csésze univerzális liszt
- 1 teáskanál só
- 1 evőkanál cukor
- 2 ¼ teáskanál instant élesztő
- 1 csésze meleg víz
- 2 evőkanál szódabikarbóna
- 1 csésze reszelt sajt (tölgy, cheddar, gruyere)
- Dijoni mustár a tálaláshoz

UTASÍTÁS:

a) Egy nagy keverőtálban keverje össze az univerzális lisztet, a sót, a cukrot és az instant élesztőt. Jól összekeverni.

b) Adjunk hozzá meleg vizet a száraz hozzávalókhoz, és keverjük addig, amíg tésztát nem kapunk.

c) A tésztát lisztezett felületre tesszük, és kb. 5 percig dagasztjuk, amíg sima és rugalmas nem lesz. Ehhez a lépéshez tésztahoroggal ellátott állványkeverőt is használhat.

d) A tésztát kivajazott tálba tesszük, és tiszta konyharuhával letakarjuk. Meleg helyen körülbelül 1 órát kelesztjük, vagy amíg a duplájára nem nő.

e) Melegítsd elő a sütőt 220°C-ra, és bélelj ki egy tepsit sütőpapírral.

f) Egy sekély edényben keverje össze a szódabikarbónát és a meleg vizet, hogy oldatot hozzon létre.

g) Ha a tészta megkelt, lyukassza le, hogy kiengedje a levegőt. Osszuk 12 egyenlő részre.

h) Vegyünk egy adag tésztát, és sodorjuk hosszú, körülbelül 50 cm hosszú kötélré.

i) A tésztából U-alakot formázunk, a végeit egymáson keresztezzük, majd körbecsavarjuk és az U-forma aljára nyomjuk.
j) Minden perecet mártson a szódabikarbóna-oldatba, ügyelve arra, hogy mindkét oldala be legyen vonva. Ez a lépés adja a perec jellegzetes rágós állagát.
k) Helyezze a mártott perecet az előkészített tepsire.
l) Minden perecre szórjunk bőséges mennyiségű reszelt sajtot, és finoman nyomkodjuk, hogy a tésztához tapadjon.
m) Az előmelegített sütőben kb 12-15 percig sütjük a perecet, vagy amíg aranybarnák nem lesznek, a sajt pedig megolvad és megpirul.
n) Tálalás előtt vegyük ki a pereceket a sütőből, és hagyjuk kicsit kihűlni.
o) A sajtot és a dijoni pereceket melegen, dijoni mustárral tálaljuk.

42. Csokoládé mandulás perec

ÖSSZETEVŐK:
Perec gyökerei
1 csésze csokoládé chips
½ csésze apróra vágott mandula

UTASÍTÁS:
a) Egy tepsit kibélelünk sütőpapírral.
b) Olvasszuk fel a csokoládédarabkákat egy mikrohullámú sütőben használható tálban, 30 másodpercenként keverjük simára.
c) Minden perec rudat mártson az olvasztott csokoládéba, hagyja, hogy a felesleg lecsepegjen.
d) A csokoládéba mártott perecet azonnal forgasd bele az apróra vágott mandulába, enyhén nyomkodd össze, hogy összeragadjon.
e) Az előkészített tepsire helyezzük a csokis mandulás perecet.
f) Hagyja a csokoládét szobahőmérsékleten megdermedni, vagy tegye a tepsit a hűtőbe a gyorsabb megkötés érdekében.
g) Ha összeállt, vegyük ki a hűtőből és tálaljuk.

43.Csokoládé perec süti

ÖSSZETEVŐK:

1 csésze vaj, megpuhult
1 csésze kristálycukor
1 csésze barna cukor
2 nagy tojás
2 teáskanál vanília kivonat
2 ½ csésze univerzális liszt
½ csésze cukrozatlan kakaópor
1 teáskanál szódabikarbóna
½ teáskanál só
2 csésze apróra vágott perec
1 csésze csokoládé chips

UTASÍTÁS:

Melegítsük elő a sütőt 350 °F-ra (175 °C). A tepsit kibéleljük sütőpapírral.
Egy nagy keverőtálban keverjük össze a vajat, a kristálycukrot és a barna cukrot, amíg világos és habos nem lesz.
Egyenként adjuk hozzá a tojásokat, minden hozzáadás után jól felverjük. Belekeverjük a vaníliakivonatot.
Egy külön tálban keverjük össze a lisztet, a kakaóport, a szódabikarbónát és a sót.
Fokozatosan adjuk hozzá a száraz hozzávalókat a vajas keverékhez, és keverjük jól össze.
Belekeverjük az apróra vágott perecet és a csokireszeléket.
Csepegtess gömbölyű evőkanál tésztát az előkészített tepsire, körülbelül 2 hüvelyk távolságra egymástól.
Előmelegített sütőben 10-12 percig sütjük, vagy amíg a széle megpuhul.

Vegye ki a sütőből, és hagyja hűlni a sütiket néhány percig a tepsiben, mielőtt rácsra helyezi, hogy teljesen kihűljön.

44. Csokoládéba mártott perec

ÖSSZETEVŐK:

Perec csavarja vagy gyökere
1 csésze csokoládé chips (tej-, ét- vagy fehér csokoládé)
Vegyes öntetek (pl. szórvány, darált dió, kókuszreszelék)

UTASÍTÁS:

Egy tepsit kibélelünk sütőpapírral.

Olvasszuk fel a csokoládédarabkákat egy mikrohullámú sütőben használható tálban, 30 másodpercenként keverjük simára.

Minden perecet mártson az olvasztott csokoládéba, hagyja, hogy a felesleg lecsepegjen.

Az előkészített tepsire helyezzük a csokoládéba mártott perecet.

Azonnal megszórjuk a választott feltétekkel, amíg a csokoládé még nedves.

Tegye a tepsit a hűtőbe körülbelül 15-20 percre, hogy a csokoládé megdermedjen.

Ha megdermedt a csokoládé, vegyük ki a hűtőből és tálaljuk.

45.Fokhagymás gyógynövényes perec

ÖSSZETEVŐK:

2 ¼ csésze univerzális liszt
1 teáskanál só
1 evőkanál cukor
2 ¼ teáskanál instant élesztő
1 csésze meleg víz
2 evőkanál szódabikarbóna
1/4 csésze sózatlan vaj, olvasztott
2 gerezd fokhagyma, felaprítva
1 evőkanál finomra vágott friss fűszernövények (tölgy, petrezselyem, kakukkfű, rozmaring)

UTASÍTÁS:

a) Egy nagy keverőtálban keverje össze az univerzális lisztet, a sót, a cukrot és az instant élesztőt. Jól összekeverni.
b) Adjunk hozzá meleg vizet a száraz hozzávalókhoz, és keverjük addig, amíg tésztát nem kapunk.
c) A tésztát lisztezett felületre tesszük, és kb. 5 percig dagasztjuk, amíg sima és rugalmas nem lesz. Ehhez a lépéshez tésztahoroggal ellátott állványkeverőt is használhat.
d) A tésztát kivajazott tálba tesszük, és tiszta konyharuhával letakarjuk. Meleg helyen körülbelül 1 órát kelesztjük, vagy amíg a duplájára nem nő.
e) Melegítsd elő a sütőt 220°C-ra, és bélelj ki egy tepsit sütőpapírral.
f) Egy sekély edényben keverje össze a szódabikarbónát és a meleg vizet, hogy oldatot hozzon létre.
g) Ha a tészta megkelt, lyukassza le, hogy kiengedje a levegőt. Osszuk 12 egyenlő részre.

h) Vegyünk egy adag tésztát, és sodorjuk hosszú, körülbelül 50 cm hosszú kötélré.
i) A tésztából U-alakot formázunk, a végeit egymáson keresztezzük, majd körbecsavarjuk és az U-forma aljára nyomjuk.
j) Minden perecet mártson a szódabikarbóna-oldatba, ügyelve arra, hogy mindkét oldala be legyen vonva. Ez a lépés adja a perec jellegzetes rágós állagát.
k) Helyezze a mártott perecet az előkészített tepsire.
l) Egy kis tálban keverjük össze az olvasztott vajat, a darált fokhagymát és az apróra vágott friss fűszernövényeket.
m) Kenje meg bőségesen a vajat és a gyógynövény keveréket minden perecre, ügyelve arra, hogy minden felületet bevonjon.
n) Az előmelegített sütőben kb 12-15 percig sütjük a perecet, vagy amíg aranybarnák nem lesznek.
o) Tálalás előtt vegyük ki a pereceket a sütőből, és hagyjuk kicsit kihűlni.

46.Jalebis

ÖSSZETEVŐK:
- 1 csésze univerzális liszt
- 1 evőkanál búzadara
- 1 teáskanál sütőpor
- 1/2 csésze natúr joghurt
- 1/2 csésze meleg víz
- 1 teáskanál sáfrány szál (opcionális)
- Olaj a sütéshez
- A sziruphoz:
- 1 csésze cukor
- 1/2 csésze víz
- 1/2 teáskanál kardamom por
- Néhány sáfrány szál (opcionális)

UTASÍTÁS:
a) Egy keverőtálban keverje össze a mindenre alkalmas lisztet, a búzadarát és a sütőport.
b) Egy külön kis tálban oldjuk fel a sáfrányszálakat meleg vízben.
c) Adjuk hozzá a joghurtot és a sáfrányos vizet a száraz hozzávalókhoz, és jól keverjük össze, hogy sima tésztát kapjunk. A konzisztenciának sűrűnek, de önthetőnek kell lennie.
d) Fedjük le a tálat egy tiszta ruhával, és hagyjuk a tésztát legalább 30 percig pihenni.
e) Közben elkészítjük a szirupot úgy, hogy a cukrot és a vizet egy lábasban összekeverjük. Forraljuk fel, és főzzük körülbelül 5 percig, amíg a cukor feloldódik és a szirup kissé besűrűsödik. Adjon hozzá kardamomport és sáfrányszálakat, ha szükséges. Levesszük a tűzről és félretesszük hűlni.

f) Egy mély serpenyőben vagy edényben olajat hevítünk a sütéshez.
g) Töltsön meg tésztával egy kis kerek hegyű csőzsákot.
h) A tésztát spirál vagy perec alakban közvetlenül a forró olajba öntjük. Mindkét oldalát aranybarnára sütjük.
i) Vegyük ki a sült jalebit az olajból, és öntsük közvetlenül az elkészített szirupba. Hagyjuk ázni egy-két percig, majd vegyük ki és tegyük egy tálra.
j) A jalebit melegen vagy szobahőmérsékleten tálaljuk.

47.Perec (dán perec alakú kenyér)

ÖSSZETEVŐK:

- 2 1/4 csésze univerzális liszt
- 2 evőkanál kristálycukor
- 1 teáskanál instant élesztő
- 1/2 teáskanál só
- 1/2 csésze tej, langyos
- 2 evőkanál sótlan vaj, olvasztott
- 1 tojás, felvert
- A feltéthez:
- 1 tojás, felvert
- Gyöngycukor vagy durva cukor a szóráshoz

UTASÍTÁS:

a) Egy nagy keverőtálban keverje össze a lisztet, a cukrot, az instant élesztőt és a sót.
b) A száraz hozzávalókhoz adjuk a langyos tejet, az olvasztott vajat és a felvert tojást. Addig keverjük, amíg a tészta összeáll.
c) Tegye át a tésztát enyhén lisztezett felületre, és gyúrja körülbelül 5-7 percig, amíg sima és rugalmas lesz.
d) Helyezzük vissza a tésztát a tálba, fedjük le tiszta ruhával, és hagyjuk kelni meleg helyen körülbelül 1 órán keresztül, amíg a duplájára nem nő.
e) Melegítsük elő a sütőt 190 °C-ra (375 °F). Egy tepsit kibélelünk sütőpapírral.
f) A tésztát 6 egyenlő részre osztjuk. Minden darabot egy hosszú, körülbelül 20 hüvelyk hosszú kötéllé tekerjünk.
g) Formázzunk minden kötelet perecszerű csomóvá, a végeit keresztezzük egymáson, és a tészta alá dugjuk.

h) A megformázott pereceket az előkészített tepsire helyezzük. Kenjük meg őket felvert tojással, és szórjuk meg gyöngycukorral vagy durvacukorral.
i) Előmelegített sütőben körülbelül 12-15 percig sütjük, vagy amíg aranybarna nem lesz.
j) Tálalás előtt vegyük ki a sütőből és hagyjuk kicsit kihűlni.

48. Neujahrspretzel (újévi perec)

ÖSSZETEVŐK:
4 csésze univerzális liszt
1 teáskanál só
1 evőkanál cukor
2 1/4 teáskanál instant élesztő
1 1/2 csésze langyos tej
1/4 csésze sózatlan vaj, olvasztott
Durva só a szóráshoz

UTASÍTÁS:
a) Egy keverőtálban keverjük össze a lisztet, a sót, a cukrot és az instant élesztőt.
b) Adjuk hozzá a langyos tejet és az olvasztott vajat a száraz hozzávalókhoz. Addig keverjük, amíg a tészta összeáll.
c) Tegye át a tésztát enyhén lisztezett felületre, és gyúrja körülbelül 5-7 percig, amíg sima és rugalmas lesz.
d) Helyezzük vissza a tésztát a tálba, fedjük le tiszta ruhával, és hagyjuk kelni meleg helyen körülbelül 1 órán keresztül, amíg a duplájára nem nő.
e) Melegítsd elő a sütőt 200°C-ra (400°F). Egy tepsit kibélelünk sütőpapírral.
f) A tésztát 8 egyenlő részre osztjuk. Minden darabot egy hosszú, körülbelül 20 hüvelyk hosszú kötéllé tekerjünk.
g) Formáljon minden kötelet perecké úgy, hogy a végeit keresztezze egymáson, és nyomja rá az alsó ívre. Ismételje meg a maradék tésztával.
h) A megformázott pereceket az előkészített tepsire helyezzük. Megszórjuk durva sóval.

i) Előmelegített sütőben körülbelül 15-18 percig sütjük, vagy amíg aranybarna nem lesz.
j) Tálalás előtt vegyük ki a sütőből és hagyjuk kicsit kihűlni.

49. Régi vidéki íróperec

ÖSSZETEVŐK:

- 3 csésze univerzális liszt
- 1 evőkanál cukor
- 2 1/4 teáskanál instant élesztő
- 1 teáskanál só
- 1 csésze író
- 1/4 csésze sózatlan vaj, olvasztott
- Durva só a szóráshoz

UTASÍTÁS:

Egy keverőtálban keverjük össze a lisztet, a cukrot, az instant élesztőt és a sót.

Adjuk hozzá az írót és az olvasztott vajat a száraz hozzávalókhoz. Addig keverjük, amíg a tészta összeáll.

Tegye át a tésztát enyhén lisztezett felületre, és gyúrja körülbelül 5-7 percig, amíg sima és rugalmas lesz.

Helyezzük vissza a tésztát a tálba, fedjük le tiszta ruhával, és hagyjuk kelni meleg helyen körülbelül 1 órán keresztül, amíg a duplájára nem nő.

Melegítsd elő a sütőt 220°C-ra (425°F). Egy tepsit kibélelünk sütőpapírral.

A tésztát 12 egyenlő részre osztjuk. Minden darabot egy hosszú, körülbelül 20 hüvelyk hosszú kötéllé tekerjünk.

Formáljon minden kötelet perecké úgy, hogy a végeit keresztezze egymáson, és nyomja rá az alsó ívre. Ismételje meg a maradék tésztával.

A megformázott pereceket az előkészített tepsire helyezzük. Megszórjuk durva sóval.

Előmelegített sütőben körülbelül 12-15 percig sütjük, vagy amíg aranybarna nem lesz.

Tálalás előtt vegyük ki a sütőből és hagyjuk kicsit kihűlni.

50.Olíva és fokhagymás perec

ÖSSZETEVŐK:

2 1/4 csésze univerzális liszt
1 teáskanál só
1 evőkanál cukor
2 1/4 teáskanál instant élesztő
1 csésze meleg víz
2 evőkanál szódabikarbóna
1/4 csésze sózatlan vaj, olvasztott
1/4 csésze kimagozott és apróra vágott olajbogyó
2 gerezd fokhagyma, felaprítva
Durva só a szóráshoz

UTASÍTÁS:

Egy keverőtálban keverjük össze a lisztet, a sót, a cukrot és az instant élesztőt.
Adjuk hozzá a meleg vizet és az olvasztott vajat a száraz hozzávalókhoz. Addig keverjük, amíg a tészta összeáll.
Tegye át a tésztát enyhén lisztezett felületre, és gyúrja körülbelül 5-7 percig, amíg sima és rugalmas lesz.
Helyezzük vissza a tésztát a tálba, fedjük le tiszta ruhával, és hagyjuk kelni meleg helyen körülbelül 1 órán keresztül, amíg a duplájára nem nő.
Melegítsd elő a sütőt 220°C-ra (425°F). Egy tepsit kibélelünk sütőpapírral.
A tésztát 12 egyenlő részre osztjuk. Minden darabot egy hosszú, körülbelül 20 hüvelyk hosszú kötéllé tekerjünk.
Egy kis tálban keverjük össze az apróra vágott olajbogyót és a zúzott fokhagymát.

Mindegyik tésztakötelet kissé elsimítjuk, és egy kanál olíva- és fokhagymás keveréket kenünk a tészta hosszában.
A tésztát visszacsavarjuk egy kötélbe, és perecet formálunk úgy, hogy a végeit keresztezzük egymáson, és az alsó ívre nyomjuk. Ismételje meg a maradék tésztával.
A megformázott pereceket az előkészített tepsire helyezzük. Megszórjuk durva sóval.
Előmelegített sütőben körülbelül 12-15 percig sütjük, vagy amíg aranybarna nem lesz.
Tálalás előtt vegyük ki a sütőből és hagyjuk kicsit kihűlni.

51. Joghurttal bevont perec

ÖSSZETEVŐK:

- Perec rudak vagy perec csavarások
- Görög joghurt (sima vagy ízesített)
- Sprinkle vagy színes cukor (opcionális)

UTASÍTÁS:

a) Egy tepsit kibélelünk sütőpapírral.
b) A perecet mártsuk a görög joghurtba, félig bevonjuk.
c) Az előkészített tepsire helyezzük a joghurttal bevont perecet.
d) Kívánt esetben szórja meg a joghurtos bevonatot szórja meg a permetet vagy színes cukrot.
e) Helyezze a tepsit a hűtőbe körülbelül 30 percre, vagy amíg a joghurt megkeményedik.
f) Ha megszilárdult, a joghurttal bevont perecet csomagoljuk az ebédlődobozba.

CHURROS

52. Alap Churros

ÖSSZETEVŐK:

- ¼ csésze vaj vagy margarin,
- Kis darabokra vágva
- ⅛ teáskanál só
- 1¼ csésze Univerzális liszt, szitált
- 3 tojás
- ¼ teáskanál vanília kivonat
- Salátaolaj mély sütéshez
- ½ teáskanál fahéj
- ½ csésze cukor

UTASÍTÁS:

a) Egy közepes serpenyőben keverje össze a vajat ½ csésze vízzel. Lassú tűzön addig keverjük, amíg a vaj elolvad. Forraljuk fel; sózzuk, levesszük a tűzről.

b) Adjon hozzá lisztet egyszerre; fakanállal verjük nagyon erősen. alacsony lángon verjük nagyon simára - körülbelül 2 percig. Vegyük le a tűzről; enyhén kissé lehűtjük. Egyenként felverjük a tojásokat, minden hozzáadás után jól felverve. Adjunk hozzá vaníliát.

c) Folytassa a verést, amíg a keverék szaténszerű fényt nem kap.

d) Eközben egy serpenyőben vagy olajsütőben lassan melegítse fel a salátaolajat (legalább 1-½ hüvelyk) 380*F-ra egy mélysütési hőmérőn. Nyomja át a fánkkeveréket egy nagy, ½ hüvelyk széles, nagy, hullámos hegyű tésztazacskón. Nedves ollóval vágja a tésztát 2 hüvelyk hosszúságúra, ahogy a forró olajba esik.

e) Egyszerre néhányat, mindkét oldalát 2 percig sütjük, vagy amíg aranybarna nem lesz. Emelje ki lyukas kanállal; papírtörlőn jól lecsepegtetjük.

f) Közben egy közepes tálban keverje össze a fahéjat és a cukrot. Dobd a lecsepegtetett fánkokat cukorral, hogy jól bevonja. Melegen tálaljuk.

53. Fahéjas churros

ÖSSZETEVŐK:

- ¼ csésze vaj
- 1 csésze cukor
- 1 evőkanál cukor
- ½ csésze fehér kukoricadara
- ½ csésze liszt
- egyenként 3 nagy tojás
- 2 teáskanál fahéj

UTASÍTÁS:

a) Egy közepes serpenyőben a vajat 1 evőkanál cukorral, ½ teáskanál sóval és 1 csésze vízzel forrásig melegítjük. távolítsa el a serpenyőt a tűzről; azonnal adjunk hozzá kukoricalisztet és lisztet egyszerre. alacsony lángon,

b) Főzzük a keveréket folyamatos keverés mellett, amíg a tésztából golyó nem lesz, körülbelül 1 percig. Egyenként ütjük bele a tojásokat, minden hozzáadás után erőteljesen verjük, amíg a tészta sima nem lesz. kibéleljük a tepsit papírtörlővel.

c) Egy papírzacskóban vagy nagy tálban keverje össze a maradék cukrot fahéjjal. egy mély serpenyőben vagy holland sütőben hevíts fel 3 hüvelyk salátaolajat 375 fokra. A kanál tésztát egy 6-os számú heggyel ellátott cukrászzacskóba helyezzük. 5" hosszúságú tésztát csepegtess a forró olajba.

d) Mindkét oldalát pirulásig sütjük, oldalanként körülbelül 1,5 percet. réskanállal távolítsa el a churrost az olajból, és helyezze a sütőlapra. még forrón tegyük zacskóba, és kenjük be fahéjas-cukor keverékkel. azonnal tálaljuk.

54.Churros és csokoládé

ÖSSZETEVŐK:

- 2 csésze Liszt
- 2 evőkanál cukor
- 1 teáskanál fahéj
- 3 csésze Víz
- ¼ csésze extra szűz olívaolaj plusz
- 3 csésze
- ½ csésze szuperfinom cukor

UTASÍTÁS:

a) Egy nagy keverőtálban keverjük össze a lisztet, a cukrot és a fahéjat. Öntsön vizet egy 6 literes serpenyőbe, adjon hozzá ¼ csésze olajat, és forralja fel gyorsan. A lisztes keveréket egy adagban öntsük egy serpenyőbe, vegyük le a tűzről, és keverjük simára. Fedjük le műanyag fóliával, és hagyjuk hűlni fél órát.

b) Melegítse fel az olajat 375 F-ra.

c) Tegye a tésztát egy nagy, 6-8 pontos fúvókával ellátott cukrászzacskóba, és csepegtesse bele a forró olajba 6 hüvelyk hosszú darabokat. Mindkét oldalát aranybarnára sütjük.

d) Kivesszük, papírtörlőn lecsepegtetjük, és még melegen megszórjuk szuperfinom cukorral.

55. Útifű   Churro p

ÖSSZETEVŐK:

- 3 útifű -- hámozott
- Citromlé
- 4 tojás
- ¼ csésze liszt
- ½ teáskanál Só

UTASÍTÁS:

a) A banánt meghámozzuk és hosszában kettévágjuk. Mindegyik darabot félbevágjuk, és citromlébe mártjuk.

b) A tészta elkészítéséhez a tojások sárgáját verjük fel sűrűre és világosra.

c) Adjunk hozzá lisztet és sót.

d) A tojásfehérjét kemény habbá verjük, nem szárazra, és a sárgájába keverjük.

e) A lecsepegtetett banándarabokat egyenként a tésztába tesszük.

f) Szedd fel lyukas kanállal, és csúsztasd óvatosan forró olajba egy erős serpenyőben (az olaj kb. 1 hüvelyk mélységig).

g) Közepes lángon főzzük, szinte azonnal megforgatjuk. Mindkét oldalát pirulásig sütjük.

h) Papírtörlőn lecsepegtetjük.

56.Red Velvet spanyol Churros

ÖSSZETEVŐK:

- 1 csésze víz
- 1/4 csésze sótlan vaj
- 1 evőkanál kristálycukor
- 1/4 teáskanál só
- 1 csésze univerzális liszt
- 1 nagy tojás
- Növényi olaj, sütéshez
- Bevonáshoz
- 1/2 csésze kristálycukor
- 3/4 tk őrölt fahéj

UTASÍTÁS:

a) Adjunk hozzá lisztet, sót, lisztet egy tálba, és keverjük össze

b) Tegyük a vajat a serpenyőbe, olvasszuk fel, adjunk hozzá vizet és hagyjuk felforrni

c) Adjunk hozzá piros ételfestéket. Adjuk hozzá a lisztes keveréket

d) Adjuk hozzá a lisztet, mérsékeljük a lángot közepesre, és fakanállal főzzük és folyamatosan keverjük, amíg a keverék össze nem kezd

e) Add hozzá a felvert tojás és a tej felét, amíg jól össze nem áll

f) Hozzáadjuk a többi felvert tojást, és simára és jól összekeverjük

g) Ideális esetben egy indítófúvókával ellátott csőzsákot használ az autentikus spanyol churros elkészítéséhez. Nem volt csőzsákom, így a végén műanyag kivágással rögtönöztem. Használjon egy poharat, és helyezze bele a pipazsákot, majd töltse bele a tésztát a zacskóba

h) A tésztát a felforrósított olajba csorgatjuk. Főzőollóval vágja le a kívánt hosszúságot
i) Adjunk hozzá néhány churros tésztát az olajhoz, és süssük aranybarnára és ropogósra. Adjunk hozzá cukrot a serpenyőbe, adjunk hozzá fahéjat és alaposan keverjük össze
j) A churros-t mártsuk bele a cukros fahéjas keverékbe, és forgassuk egyenletes bevonatig
k) Kívül ropogós, de belül olyan pihe-puha

57. San Diablo Artisan Churros

ÖSSZETEVŐK:

- 1 csésze víz
- 2 oz. sótlan vaj
- 1 csésze kiváló minőségű pékliszt
- 3/4 tk. só
- 1 nagy tojás
- 1 teáskanál vanília

UTASÍTÁS:

a) Adjunk hozzá vizet és vajat egy serpenyőbe, forraljuk fel, ügyelve arra, hogy a vaj teljesen felolvadjon.

b) Adjunk hozzá lisztet és sót a vízzel/vajjal ellátott serpenyőbe, hagyjuk a tűzön, és erőteljesen keverjük addig, amíg lisztcsomók nem maradnak, és a tészta golyóra hasonlít. Vegye le a hőt.

c) Helyezze a forró tésztát a szokásos keverőedénybe, keverje össze a lapáttal alacsony fokozaton, és hagyja, hogy a gőz távozzon és tésztát tegyünk.

d) Amíg a tészta kiengedi a gőzt, egy külön tálban keverjük össze a tojást és a vaníliát.

e) Adja hozzá a tojásos keveréket a tésztához, és gyorsítsa fel a keverőt.

f) Ha a tészta túlságosan tapad a mixer oldalához: állítsa le a keverőt, kaparja le az oldalát és a lapátot, ismételje meg addig, amíg a tészta sima és játéktésztaszerű állagú nem lesz.

g) A tésztát hűtőbe tesszük hűlni körülbelül 10 percre.

h) Ha a tészta kihűlt, készen állunk a finom churros elkészítésére! Helyezze a tésztát a San Diablo Churro Maker-be vagy piping zacskóba, és tárolja a hűtőszekrényben későbbre.

i) Melegítse elő az olajat egy sütőben vagy serpenyőben 375°F/190°C-ra körülbelül 2" olajjal.

j) Lassan csavarja le a San Diablo Churro készítő gombját, hogy a churro tésztát kinyomja a fúvókán keresztül. Vagy húzza át a churro tésztát a csőzsákon keresztül. Miután a kívánt mennyiségű churro tésztát átnyomtuk a fúvókán, vajkéssel vagy ujjunkkal vágjuk le.

k) Mindegyik nyers churrot óvatosan helyezze a forró olajba. Kérjük, legyen óvatos! A forró olaj kifröccsenésének elkerülése érdekében feltétlenül javasoljuk, hogy a Churro Maker-t függőlegesen döntse el, és közel (de ne túl közel) a forró olaj felületéhez.

l) Nézze meg, ahogy a churros megsül a forró olajban, és szükség szerint forgassa fémfogóval, hogy az egész churro az ideális aranybarna ropogósságot kapja (általában 3-4 perc).

m) Fém fogóval távolítsa el a forró, friss churro műalkotásokat a forró olajos vagy légsütőből, és hűtse le az elkészített tányéron.

n) Miután a churros kissé lehűlt, de még mindig meleg, szórja be őket a kívánt mennyiségű San Diablo jellegzetes fahéjas cukrával.

o) Töltsd meg kedvedre egy kinyomható palack vagy a San Diablo újrafelhasználható töltőpalackjainak valamelyikével Dulce de Leche, Nutella vagy Sweet Cream segítségével.

58. Sült Churros

ÖSSZETEVŐK:

- 1 csésze (8oz/225g) víz
- 1/2 csésze (4oz/113g) vaj
- 1/2 teáskanál vanília kivonat
- 2 evőkanál cukor
- 1/4 teáskanál só
- 143 g sima liszt/univerzális liszt
- 3 tojás (szobahőmérsékleten)

UTASÍTÁS:

a) Melegítsd elő a sütőt 200°C-ra (400°F). Soros pergamenpapír; félretesz, mellőz.

b) Egy közepes lábosban adjunk hozzá vizet, cukrot, sót és vajat.

c) Közepes-magas lángra tesszük.

d) Addig melegítjük, amíg a vaj elolvad, és a keverék forrni kezd.

e) Amint felforrt, beleforgatjuk a lisztet.

f) Addig kavargasd, amíg nem maradnak lisztcsomók és tésztagolyó nem keletkezik.

g) Most egy fakanállal keverje meg a tésztát az edény körül, és főzze körülbelül egy percig ALACSONY lángon.

h) A keverék csomósodik és leválik az oldaláról

i) A fakanállal adjon hozzá egy kevés tojásos keveréket a tésztához. Keverje össze és pépesítse, törje fel a tésztát, amíg meg nem lazul. Keverje jól, amíg a tojás bele nem kerül, és a keverék burgonyapüré kinézetűvé válik.

j) Folytassa a tojás hozzáadásával, amíg össze nem áll

k) Tegye ezt úgy, hogy nyomást gyakorol a zacskóra és lassan csövek, és olló segítségével vágja.

l) Hagyjon körülbelül 2 hüvelyk helyet a churros között.

m) Süssük körülbelül 18-22 percig, vagy amíg aranybarna nem lesz.
n) MAJD kapcsold ki a sütőt, és hagyd benne 10 percig, hogy kicsit megszáradjanak. Ez a lépés segít megőrizni formájukat, és nem laposodni lehűlés után.
o) Csak egy percig csináld :), majd vedd le a tűzről és tedd félre.
p) Egy kancsóban keverjük össze a tojást és a vaníliát, és keverjük össze.
q) Tegye át a tésztát egy csillag fúvókával ellátott csőzsákba.
r) A tésztát hosszú churros formákba öntjük a sütőpapírral borított tepsikre. Ügyeljen arra, hogy szép és vastag cső legyen.
s) Keverje össze a cukrot, a fahéjat és a sót egy cipzáras zacskóban.
t) Vegyük ki a churrot közvetlenül a sütőből, és dobjuk bele a keverékbe, amíg jól el nem fedi. A legjobb ezt akkor tenni, amikor a churros meleg és frissen került a sütőből.
u) Élvezze a házi készítésű churro-t.

59. Csokoládé Churros

ÖSSZETEVŐK:

1 csésze víz
2 evőkanál cukor
1/2 teáskanál só
2 evőkanál növényi olaj
1 csésze univerzális liszt
Növényi olaj sütéshez
1/4 csésze porcukor (a porozáshoz)
1/2 csésze csokoládé chips
1/4 csésze nehéz tejszín

UTASÍTÁS:

Egy serpenyőben keverje össze a vizet, cukrot, sót és növényi olajat. Forraljuk fel a keveréket.
Vegyük le a serpenyőt a tűzről, és adjuk hozzá a lisztet. Addig keverjük, amíg a keverék tésztagolyót nem kap.
Melegítsünk növényi olajat egy mély serpenyőben vagy edényben közepes lángon.
Tegye át a tésztát egy csillaghegyű csőzsákba.
A tésztát belesimítjuk a forró olajba, és késsel vagy ollóval 4-6 hüvelyk hosszúságúra vágjuk.
Minden oldalról aranybarnára sütjük, időnként megforgatva.
A churrot kivesszük az olajból, és papírtörlőn lecsepegtetjük.
A churrost porcukorral megszórjuk.
Egy mikrohullámú sütőben használható tálban keverje össze a csokoládédarabkákat és a nehéz tejszínt.
Mikrohullámú sütőben 30 másodperces időközönként, közben kevergetve, amíg sima nem lesz.
Tálaljuk a churros-t a csokoládémártással.

60.Karamellel töltött Churros

ÖSSZETEVŐK:

1 csésze víz
2 evőkanál cukor
1/2 teáskanál só
2 evőkanál növényi olaj
1 csésze univerzális liszt
Növényi olaj sütéshez
1/4 csésze cukor (a bevonáshoz)
1 teáskanál őrölt fahéj (a bevonáshoz)
Elkészített karamell szósz

UTASÍTÁS:

Egy serpenyőben keverje össze a vizet, cukrot, sót és növényi olajat. Forraljuk fel a keveréket.
Vegyük le a serpenyőt a tűzről, és adjuk hozzá a lisztet. Addig keverjük, amíg a keverék tésztagolyót nem kap.
Melegítsünk növényi olajat egy mély serpenyőben vagy edényben közepes lángon.
Tegye át a tésztát egy csillaghegyű csőzsákba.
A tésztát belesimítjuk a forró olajba, és késsel vagy ollóval 4-6 hüvelyk hosszúságúra vágjuk.
Minden oldalról aranybarnára sütjük, időnként megforgatva.
A churrot kivesszük az olajból, és papírtörlőn lecsepegtetjük.
Egy külön tálban keverjük össze a cukrot és a fahéjat.
Forgassa meg a churros-t a fahéjas cukorral, amíg bevonat nem lesz.
Egy fecskendő vagy cukrászzacskó segítségével töltse meg a churrost az elkészített karamellszósszal.
A karamellel töltött churrost melegen tálaljuk.

61.Sütőtök fűszeres Churros

ÖSSZETEVŐK:

1 csésze víz
2 evőkanál cukor
1/2 teáskanál só
2 evőkanál növényi olaj
1 csésze univerzális liszt
1 teáskanál sütőtök fűszerkeverék
Növényi olaj sütéshez
1/4 csésze cukor (a bevonáshoz)
1 teáskanál őrölt fahéj (a bevonáshoz)

UTASÍTÁS:

Egy serpenyőben keverje össze a vizet, cukrot, sót és növényi olajat. Forraljuk fel a keveréket.
Vegyük le a serpenyőt a tűzről, és adjuk hozzá a lisztet és a sütőtök fűszerkeveréket. Addig keverjük, amíg a keverék tésztagolyót nem kap.
Melegítsünk növényi olajat egy mély serpenyőben vagy edényben közepes lángon.
Tegye át a tésztát egy csillaghegyű csőzsákba.
A tésztát belesimítjuk a forró olajba, és késsel vagy ollóval 4-6 hüvelyk hosszúságúra vágjuk.
Minden oldalról aranybarnára sütjük, időnként megforgatva.
A churrot kivesszük az olajból, és papírtörlőn lecsepegtetjük.
Egy külön tálban keverjük össze a cukrot és a fahéjat.
Forgassa meg a churros-t a fahéjas cukorral, amíg bevonat nem lesz.
A sütőtök fűszer-churros-t melegen, porcukorral megszórva tálaljuk.

62.Gluténmentes Churros

ÖSSZETEVŐK:

1 csésze víz
2 evőkanál cukor
1/2 teáskanál só
2 evőkanál növényi olaj
1 csésze gluténmentes univerzális liszt
Növényi olaj sütéshez
1/4 csésze cukor (a bevonáshoz)
1 teáskanál őrölt fahéj (a bevonáshoz)

UTASÍTÁS:

Egy serpenyőben keverje össze a vizet, cukrot, sót és növényi olajat. Forraljuk fel a keveréket.
Vegyük le a serpenyőt a tűzről, és adjuk hozzá a gluténmentes univerzális lisztet. Addig keverjük, amíg a keverék tésztagolyót nem kap.
Melegítsünk növényi olajat egy mély serpenyőben vagy edényben közepes lángon.
Tegye át a tésztát egy csillaghegyű csőzsákba.
A tésztát belesimítjuk a forró olajba, és késsel vagy ollóval 4-6 hüvelyk hosszúságúra vágjuk.
Minden oldalról aranybarnára sütjük, időnként megforgatva.
A churrot kivesszük az olajból, és papírtörlőn lecsepegtetjük.
Egy külön tálban keverjük össze a cukrot és a fahéjat.
Forgassa meg a churros-t a fahéjas cukorral, amíg bevonat nem lesz.
A gluténmentes churros-t melegen, választott mártogatós szósszal tálaljuk.

63.Nutellával töltött Churros

ÖSSZETEVŐK:

1 csésze víz
2 evőkanál cukor
1/2 teáskanál só
2 evőkanál növényi olaj
1 csésze univerzális liszt
Növényi olaj sütéshez
1/4 csésze cukor (a bevonáshoz)
1 teáskanál őrölt fahéj (a bevonáshoz)
Nutella (vagy bármilyen más csokis-mogyorós kenhető)

UTASÍTÁS:

Egy serpenyőben keverje össze a vizet, cukrot, sót és növényi olajat. Forraljuk fel a keveréket.
Vegyük le a serpenyőt a tűzről, és adjuk hozzá a lisztet. Addig keverjük, amíg a keverék tésztagolyót nem kap.
Melegítsünk növényi olajat egy mély serpenyőben vagy edényben közepes lángon.
Tegye át a tésztát egy csillaghegyű csőzsákba.
A tésztát belesimítjuk a forró olajba, és késsel vagy ollóval 4-6 hüvelyk hosszúságúra vágjuk.
Minden oldalról aranybarnára sütjük, időnként megforgatva.
A churrot kivesszük az olajból, és papírtörlőn lecsepegtetjük.
Egy külön tálban keverjük össze a cukrot és a fahéjat.
Forgassa meg a churros-t a fahéjas cukorral, amíg bevonat nem lesz.
Fecskendővel vagy cukrászzacskóval töltsük meg a churrosokat Nutellával vagy csokis-mogyorós kenettel.
A Nutellával töltött churrot melegen tálaljuk.

64. Churro fagylaltos szendvicsek

ÖSSZETEVŐK:
1 csésze víz
2 evőkanál cukor
1/2 teáskanál só
2 evőkanál növényi olaj
1 csésze univerzális liszt
Növényi olaj sütéshez
1/4 csésze cukor (a bevonáshoz)
1 teáskanál őrölt fahéj (a bevonáshoz)
Választott fagylalt

UTASÍTÁS:
Egy serpenyőben keverje össze a vizet, cukrot, sót és növényi olajat. Forraljuk fel a keveréket.
Vegyük le a serpenyőt a tűzről, és adjuk hozzá a lisztet. Addig keverjük, amíg a keverék tésztagolyót nem kap.
Melegítsünk növényi olajat egy mély serpenyőben vagy edényben közepes lángon.
Tegye át a tésztát egy csillaghegyű csőzsákba.
A tésztát belesimítjuk a forró olajba, és késsel vagy ollóval 4-6 hüvelyk hosszúságúra vágjuk.
Minden oldalról aranybarnára sütjük, időnként megforgatva.
A churrot kivesszük az olajból, és papírtörlőn lecsepegtetjük.
Egy külön tálban keverjük össze a cukrot és a fahéjat.
Forgassa meg a churros-t a fahéjas cukorral, amíg bevonat nem lesz.
Hagyja kicsit kihűlni a churros-t.
Szeletelje fel a churrost vízszintesen, és szendvicsezzen a két fele közé egy gombóc fagylaltot.

A churro fagylaltos szendvicseket azonnal tálaljuk.

65. Dulce de Leche Churros

ÖSSZETEVŐK:

1 csésze víz
2 evőkanál cukor
1/2 teáskanál só
2 evőkanál növényi olaj
1 csésze univerzális liszt
Növényi olaj sütéshez
1/4 csésze cukor (a bevonáshoz)
1 teáskanál őrölt fahéj (a bevonáshoz)
Elkészült dulce de leche

UTASÍTÁS:

Egy serpenyőben keverje össze a vizet, cukrot, sót és növényi olajat. Forraljuk fel a keveréket.
Vegyük le a serpenyőt a tűzről, és adjuk hozzá a lisztet.
Addig keverjük, amíg a keverék tésztagolyót nem kap.
Melegítsünk növényi olajat egy mély serpenyőben vagy edényben közepes lángon.
Tegye át a tésztát egy csillaghegyű csőzsákba.
A tésztát belesimítjuk a forró olajba, és késsel vagy ollóval 4-6 hüvelyk hosszúságúra vágjuk.
Minden oldalról aranybarnára sütjük, időnként megforgatva.
A churrot kivesszük az olajból, és papírtörlőn lecsepegtetjük.
Egy külön tálban keverjük össze a cukrot és a fahéjat.
Forgassa meg a churros-t a fahéjas cukorral, amíg bevonat nem lesz.
Tálaljuk a churros-t a mártáshoz előkészített dulce de leche-vel.

66. Matcha Churros

ÖSSZETEVŐK:

1 csésze víz
2 evőkanál cukor
1/2 teáskanál só
2 evőkanál növényi olaj
1 csésze univerzális liszt
1 evőkanál matcha por
Növényi olaj sütéshez
1/4 csésze cukor (a bevonáshoz)

UTASÍTÁS:

Egy serpenyőben keverje össze a vizet, cukrot, sót és növényi olajat. Forraljuk fel a keveréket.
Vegyük le a serpenyőt a tűzről, és adjuk hozzá a lisztet és a matcha port. Addig keverjük, amíg a keverék tésztagolyót nem kap.
Melegítsünk növényi olajat egy mély serpenyőben vagy edényben közepes lángon.
Tegye át a tésztát egy csillaghegyű csőzsákba.
A tésztát belesimítjuk a forró olajba, és késsel vagy ollóval 4-6 hüvelyk hosszúságúra vágjuk.
Minden oldalról aranybarnára sütjük, időnként megforgatva.
A churrot kivesszük az olajból, és papírtörlőn lecsepegtetjük.
Egy külön tálban keverjük össze a cukrot és a matcha port.
Forgassa a churros-t a matcha cukorral, amíg bevonat nem lesz.
A matcha churros-t melegen tálaljuk.

67.Red Velvet Churros

ÖSSZETEVŐK:

1 csésze víz
2 evőkanál cukor
1/2 teáskanál só
2 evőkanál növényi olaj
1 csésze univerzális liszt
1 evőkanál kakaópor
Piros ételfesték
Növényi olaj sütéshez
1/4 csésze porcukor (a porozáshoz)
Krémsajtos cukormáz (mártáshoz)

UTASÍTÁS:

Egy serpenyőben keverje össze a vizet, cukrot, sót és növényi olajat. Forraljuk fel a keveréket.
Vegyük le a serpenyőt a tűzről, és adjuk hozzá a lisztet, a kakaóport és a piros ételfestéket. Addig keverjük, amíg a keverék tésztagolyót nem kap, és el nem éri a kívánt piros színt.
Melegítsünk növényi olajat egy mély serpenyőben vagy edényben közepes lángon.
Tegye át a tésztát egy csillaghegyű csőzsákba.
A tésztát belesimítjuk a forró olajba, és késsel vagy ollóval 4-6 hüvelyk hosszúságúra vágjuk.
Minden oldalról aranybarnára sütjük, időnként megforgatva.
A churrot kivesszük az olajból, és papírtörlőn lecsepegtetjük.
A churrost porcukorral megszórjuk.
A vörös bársonyos churros-t melegen, mártáshoz krémsajt-mázzal tálaljuk.

68. Churro Bites

ÖSSZETEVŐK:

1 csésze víz
2 evőkanál cukor
1/2 teáskanál só
2 evőkanál növényi olaj
1 csésze univerzális liszt
Növényi olaj sütéshez
1/4 csésze cukor (a bevonáshoz)
1 teáskanál őrölt fahéj (a bevonáshoz)

UTASÍTÁS:

Egy serpenyőben keverje össze a vizet, cukrot, sót és növényi olajat. Forraljuk fel a keveréket.
Vegyük le a serpenyőt a tűzről, és adjuk hozzá a lisztet. Addig keverjük, amíg a keverék tésztagolyót nem kap.
Melegítsünk növényi olajat egy mély serpenyőben vagy edényben közepes lángon.
Tegye át a tésztát egy csillaghegyű csőzsákba.
A forró olajba kis falatnyi tésztadarabokat simítunk.
Minden oldalról aranybarnára sütjük, időnként megforgatva.
A churro falatokat kivesszük az olajból, és papírtörlőn leszűrjük.
Egy külön tálban keverjük össze a cukrot és a fahéjat.
Dobja a churro falatokat a fahéjas cukorral, amíg bevonat nem lesz.
A churro falatokat melegen tálaljuk.

69. Citrom Churros

ÖSSZETEVŐK:

1 csésze víz
2 evőkanál cukor
1/2 teáskanál só
2 evőkanál növényi olaj
1 csésze univerzális liszt
1 citrom héja
Növényi olaj sütéshez
1/4 csésze cukor (a bevonáshoz)
1 teáskanál őrölt fahéj (a bevonáshoz)
Citrommáz (porcukorral és citromlével készül)

UTASÍTÁS:

Egy serpenyőben keverje össze a vizet, cukrot, sót és növényi olajat. Forraljuk fel a keveréket.
Vegyük le a serpenyőt a tűzről, és adjuk hozzá a lisztet és a citromhéjat. Addig keverjük, amíg a keverék tésztagolyót nem kap.
Melegítsünk növényi olajat egy mély serpenyőben vagy edényben közepes lángon.
Tegye át a tésztát egy csillaghegyű csőzsákba.
A tésztát belesimítjuk a forró olajba, és késsel vagy ollóval 4-6 hüvelyk hosszúságúra vágjuk.
Minden oldalról aranybarnára sütjük, időnként megforgatva.
A churrot kivesszük az olajból, és papírtörlőn lecsepegtetjük.
Egy külön tálban keverjük össze a cukrot és a fahéjat.
Forgassa meg a churros-t a fahéjas cukorral, amíg bevonat nem lesz.
A churrosra kenjük a citrommázat.

A citromos churrot melegen tálaljuk.

70.Kókuszos Churros

ÖSSZETEVŐK:

1 csésze víz
2 evőkanál cukor
1/2 teáskanál só
2 evőkanál növényi olaj
1 csésze univerzális liszt
1/2 csésze kókuszreszelék
Növényi olaj sütéshez
1/4 csésze cukor (a bevonáshoz)
1 teáskanál őrölt fahéj (a bevonáshoz)

UTASÍTÁS:

Egy serpenyőben keverje össze a vizet, cukrot, sót és növényi olajat. Forraljuk fel a keveréket.
Vegyük le a serpenyőt a tűzről, és adjuk hozzá a lisztet és a kókuszreszeléket. Addig keverjük, amíg a keverék tésztagolyót nem kap.
Melegítsünk növényi olajat egy mély serpenyőben vagy edényben közepes lángon.
Tegye át a tésztát egy csillaghegyű csőzsákba.
A tésztát belesimítjuk a forró olajba, és késsel vagy ollóval 4-6 hüvelyk hosszúságúra vágjuk.
Minden oldalról aranybarnára sütjük, időnként megforgatva.
A churrot kivesszük az olajból, és papírtörlőn lecsepegtetjük.
Egy külön tálban keverjük össze a cukrot és a fahéjat.
Forgassa meg a churros-t a fahéjas cukorral, amíg bevonat nem lesz.
A kókuszos churros-t melegen tálaljuk.

71.Churro gofri

ÖSSZETEVŐK:

1 csésze víz
2 evőkanál cukor
1/2 teáskanál só
2 evőkanál növényi olaj
1 csésze univerzális liszt
Növényi olaj sütéshez
1/4 csésze cukor (a bevonáshoz)
1 teáskanál őrölt fahéj (a bevonáshoz)
Gofritészta (a csomagolási utasítás szerint elkészítve)

UTASÍTÁS:

Egy serpenyőben keverje össze a vizet, cukrot, sót és növényi olajat. Forraljuk fel a keveréket.
Vegyük le a serpenyőt a tűzről, és adjuk hozzá a lisztet. Addig keverjük, amíg a keverék tésztagolyót nem kap.
Melegítsünk növényi olajat egy mély serpenyőben vagy edényben közepes lángon.
Tegye át a tésztát egy csillaghegyű csőzsákba.
A tésztát belesimítjuk a forró olajba, és késsel vagy ollóval 4-6 hüvelyk hosszúságúra vágjuk.
Minden oldalról aranybarnára sütjük, időnként megforgatva.
A churrot kivesszük az olajból, és papírtörlőn lecsepegtetjük.
Egy külön tálban keverjük össze a cukrot és a fahéjat.
Forgassa meg a churros-t a fahéjas cukorral, amíg bevonat nem lesz.
Melegíts elő egy gofrisütőt, és készítsd el a gofritésztát a csomagoláson található utasítások szerint.

Helyezzen egy churro-t a vasaló minden gofrirészének közepére, és öntse a tésztát a churrosra.
Zárja le a gofrisütőt, és süsse addig, amíg a gofri aranybarna nem lesz.
A churro gofrit melegen tálaljuk.

72.Epres sajttorta Churros

ÖSSZETEVŐK:

1 csésze víz
2 evőkanál cukor
1/2 teáskanál só
2 evőkanál növényi olaj
1 csésze univerzális liszt
Növényi olaj sütéshez
1/4 csésze cukor (a bevonáshoz)
1 teáskanál őrölt fahéj (a bevonáshoz)
Epres sajttorta töltelék (kész vagy bolti)

UTASÍTÁS:

Egy serpenyőben keverje össze a vizet, cukrot, sót és növényi olajat. Forraljuk fel a keveréket.
Vegyük le a serpenyőt a tűzről, és adjuk hozzá a lisztet.
Addig keverjük, amíg a keverék tésztagolyót nem kap.
Melegítsünk növényi olajat egy mély serpenyőben vagy edényben közepes lángon.
Tegye át a tésztát egy csillaghegyű csőzsákba.
A tésztát belesimítjuk a forró olajba, és késsel vagy ollóval 4-6 hüvelyk hosszúságúra vágjuk.
Minden oldalról aranybarnára sütjük, időnként megforgatva.
A churrot kivesszük az olajból, és papírtörlőn lecsepegtetjük.
Egy külön tálban keverjük össze a cukrot és a fahéjat.
Forgassa meg a churros-t a fahéjas cukorral, amíg bevonat nem lesz.
Fecskendő vagy cukrászzacskó segítségével töltse meg a churros-t epres sajttorta töltelékkel.
Az epres sajttorta churros-t melegen tálaljuk.

PÉSZTÉSZ-csavarok

73. Fahéjas cukor csavarja

ÖSSZETEVŐK:
1 csomag leveles tésztalap
2 evőkanál vaj, olvasztott
1/4 csésze kristálycukor
1 teáskanál őrölt fahéj

UTASÍTÁS:

Melegítsd elő a sütőt 200°C-ra, és bélelj ki egy tepsit sütőpapírral.

A leveles tésztát a csomagoláson található utasítások szerint olvasszuk fel.

A leveles tésztalapot kinyújtjuk és vékony csíkokra vágjuk.

Mindegyik csíkot csavarja meg és helyezze az előkészített tepsire.

Egy kis tálban keverjük össze a kristálycukrot és az őrölt fahéjat.

Az olvasztott vajat megkenjük a kicsavart tésztával.

A fahéjas cukros keveréket egyenletesen szórjuk a csavarokra.

Süssük 12-15 percig, vagy amíg meg nem puhul és aranybarna nem lesz. Melegen tálaljuk.

74. Caramel Twists

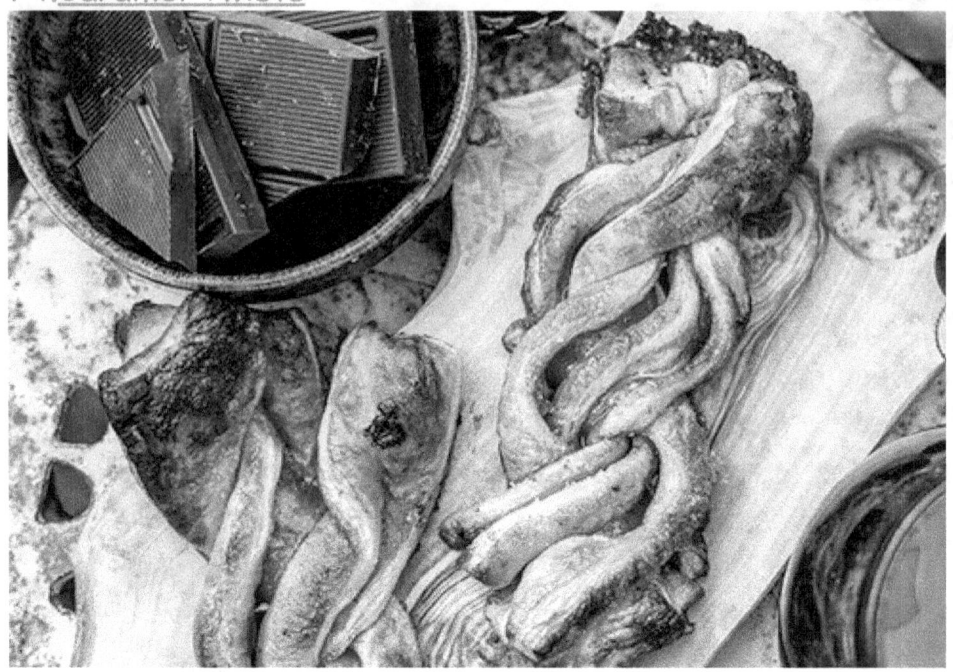

ÖSSZETEVŐK:

1 csomag (17,3 uncia) fagyasztott leveles tészta, felengedve
1 csésze kristálycukor
1/2 csésze sótlan vaj
1/4 csésze nehéz tejszín
1 teáskanál vanília kivonat
1/4 teáskanál só

UTASÍTÁS:

Melegítsd elő a sütőt 200°C-ra, és bélelj ki egy tepsit sütőpapírral.

A leveles tésztát enyhén lisztezett felületen téglalap alakúra nyújtjuk.

Egy serpenyőben keverje össze a kristálycukrot, a vajat, a tejszínt, a vaníliakivonatot és a sót. Közepes-nagy lángon addig melegítjük, amíg a cukor fel nem oldódik, és a keverék buborékolni kezd.

A kinyújtott leveles tésztára öntjük a karamellmártást, és egyenletesen elkenjük.
Vágja a tésztát vékony, körülbelül 1/2 hüvelyk széles csíkokra.
Óvatosan csavarja meg az egyes csíkokat, és helyezze az előkészített tepsire.
Süssük 12-15 percig, vagy amíg aranybarna és felfújódik.
Tálalás előtt hagyja kihűlni a csavarokat.

75.Osztrák fordulatok

ÖSSZETEVŐK:
2 lap leveles tészta, felengedve
1/2 csésze sózatlan vaj, olvasztott
1/2 csésze kristálycukor
1 evőkanál őrölt fahéj
Porcukor a porozáshoz

UTASÍTÁS:

Melegítsük elő a sütőt 190 °C-ra, és béleljünk ki egy tepsit sütőpapírral.

A leveles tészta lapokat enyhén lisztezett felületen kinyújtjuk.
Az olvasztott vajjal egyenletesen megkenjük minden lapot.
Egy kis tálban keverjük össze a kristálycukrot és az őrölt fahéjat.
A kivajazott tésztalapokra szórjuk a fahéjas-cukros keveréket.

Mindegyik tésztalapot hosszában félbehajtjuk.

Vágja mindegyik lapot 1 hüvelykes csíkokra.

Óvatosan csavarja meg az egyes csíkokat, és helyezze az előkészített tepsire.

Süssük 15-20 percig, vagy amíg aranybarna nem lesz.

Hagyja kissé kihűlni a csavarokat, mielőtt porcukorral meghinné.

76.Pizza Twist

ÖSSZETEVŐK:
- 1 lap leveles tészta, felengedve
- 1/2 csésze pizzaszósz
- 1 csésze reszelt mozzarella sajt
- 1/4 csésze szeletelt paprika
- 1 teáskanál szárított oregánó
- 1/4 teáskanál fokhagymapor
- 1/4 teáskanál pirospaprika pehely (elhagyható)

UTASÍTÁS:
a) Melegítsd elő a sütőt 200°C-ra, és bélelj ki egy tepsit sütőpapírral.
b) A leveles tésztalapot enyhén lisztezett felületen téglalappá nyújtjuk.
c) A pizzaszószt egyenletesen eloszlatjuk a tésztalapon, hagyjunk egy kis szegélyt a szélein.
d) A szószra szórjuk a reszelt mozzarella sajtot, a felszeletelt paprikát, a szárított oregánót, a fokhagymaport és a pirospaprika pelyhet (ha használunk).
e) A tésztalapot hosszában félbehajtjuk, és a széleit összenyomkodjuk, hogy lezárjuk.
f) Az összehajtott tésztát 1 hüvelykes csíkokra vágjuk.
g) Óvatosan csavarja meg az egyes csíkokat, és helyezze az előkészített tepsire.
h) Süssük 15-20 percig, vagy amíg a tészta aranybarna nem lesz, a sajt pedig megolvad és habos lesz.
i) Tálalás előtt hagyja kissé kihűlni a csavarokat.

77. Svéd ánizs Twist

ÖSSZETEVŐK:
- 2 1/2 csésze univerzális liszt
- 1/2 csésze sózatlan vaj, megpuhult
- 1/2 csésze kristálycukor
- 2 teáskanál ánizs kivonat
- 1/2 teáskanál sütőpor
- 1/4 teáskanál só
- 1 tojás
- Gyöngycukor a szóráshoz (elhagyható)

UTASÍTÁS:
a) Melegítsük elő a sütőt 190 °C-ra, és béleljünk ki egy tepsit sütőpapírral.
b) Egy nagy keverőtálban keverjük össze a lágy vajat, a kristálycukrot és az ánizskivonatot, amíg világos és habos nem lesz.
c) Egy külön tálban keverjük össze a lisztet, a sütőport és a sót.
d) Fokozatosan adjuk hozzá a száraz hozzávalókat a vajas keverékhez, minden hozzáadás után jól keverjük össze.
e) Addig verjük a tojást, amíg összeáll a tészta.
f) A tésztát kis darabokra osztjuk, és mindegyik darabot hosszú, körülbelül 8 hüvelyk hosszú zsinórra sodorjuk.
g) Minden kötelet csavarja "S" alakra, és helyezze az előkészített tepsire.
h) Szórjuk meg gyöngycukorral a csavarokat (ha szükséges).
i) 10-12 percig sütjük, vagy amíg a szélei enyhén aranybarnák nem lesznek.
j) Tálalás előtt hagyja teljesen kihűlni a csavarokat.

78.Nutella tészta csavarja

ÖSSZETEVŐK:
- 17,3 uncia csomag fagyasztott leveles tészta, felengedve, de hidegen
- liszt, a munkafelület leporolásához
- 1 csésze Nutella
- 1 nagy tojás
- durva csiszolócukor, opcionális

UTASÍTÁS:
a) Melegítse elő a sütőt 350 fokra.
b) Egy tepsit kibélelünk sütőpapírral, és enyhén kikenjük főzőspray-vel.
c) A leveles tészta egyik lapot enyhén lisztezett munkafelületre hajtjuk. Egy sodrófa segítségével enyhén tekerje fel a tésztát, hogy az esetleges redőket összezárja.
d) A lapított leveles tésztára kenjük a Nutellát.
e) A leveles tészta második lapját elsimítjuk, és az első lap tetejére helyezzük.
f) Vágja a tésztát egy hüvelyk széles csíkokra, és mindegyik csíkot csavarja össze, és helyezze a tepsire.
g) Egy kis tálban verjük fel a tojást, majd kenjük meg vele a csavarokat.
h) Kívánság szerint szórja meg a csavarokat csiszolócukorral.
i) 15-18 perc alatt aranybarnára sütjük.
j) Vegye ki a csavarokat a sütőből, és hagyja hűlni legalább 5 percig a tepsiben.

79. Air Fryer Sweet Twists

ÖSSZETEVŐK:
- 1 doboz bolti leveles tészta
- ½ teáskanál fahéj
- ½ teáskanál cukor
- ½ teáskanál fekete szezámmag
- Só, csipetnyi
- 2 evőkanál parmezán sajt, reszelve

UTASÍTÁS:
a) Helyezze a tésztát egy munkafelületre.
b) Vegyünk egy kis tálat, és keverjük össze a sajtot, a cukrot, a sót, a szezámmagot és a fahéjat.
c) Ezt a keveréket nyomkodjuk a tészta mindkét oldalára.
d) Most vágja a tésztát 1 x 3 hüvelykes csíkokra.
e) Mindegyik csíkot csavarja meg 2-szer, majd fektesse a lapra.
f) Tegye át a légsütő kosárba.
g) Válassza ki a levegős sütési módot 400 F-on 10 percig.
h) Ha megsült, tálaljuk.

80. Lemon Sweet Twists

ÖSSZETEVŐK:
- 1 doboz bolti leveles tészta
- ½ teáskanál citromhéj
- 1 evőkanál citromlé
- 2 teáskanál barna cukor
- Só, csipetnyi
- 2 evőkanál parmezán sajt, frissen reszelve

UTASÍTÁSOK: p
a) Helyezze a leveles tésztát egy tiszta munkaterületre.
b) Egy tálban keverjük össze a parmezán sajtot, a barna cukrot, a sót, a citromhéjat és a citromlevet.
c) Ezt a keveréket nyomkodjuk a tészta mindkét oldalára.
d) Most vágja a tésztát 1 x 4 hüvelykes csíkokra.
e) Csavarja meg az egyes csíkokat.
f) Tegye át a légsütő kosárba.
g) Válassza ki a levegős sütési módot 400 F-on 9-10 percig.
h) Ha megsült, tálaljuk és élvezzük.

81. Sajt- és sonkacsavarok

ÖSSZETEVŐK:
- 1 lap leveles tészta, felengedve
- 1/2 csésze reszelt cheddar sajt
- 1/2 csésze kockára vágott sonka
- 1 tojás, felvert

UTASÍTÁS:
a) Melegítsd elő a sütőt 200°C-ra (400°F).
b) Enyhén lisztezett felületen nyújtsuk ki a leveles tésztát körülbelül 1/4 hüvelyk vastagra.
c) Megszórjuk a reszelt cheddar sajttal, és egyenletesen felkockázzuk a leveles tésztára.
d) A leveles tésztát 12 egyenlő csíkra vágjuk.
e) Az egyes csíkokat néhányszor megcsavarjuk, és sütőpapírral bélelt tepsire helyezzük.
f) Minden csavart megkenünk felvert tojással.
g) 15-20 perc alatt aranybarnára sütjük.
h) Melegen tálaljuk.

82.Csokoládé és mogyoró csavarja

ÖSSZETEVŐK:
- 1 lap leveles tészta, felengedve
- 1/4 csésze Nutellás vagy csokoládé mogyorókrém
- 1/4 csésze apróra vágott mogyoró
- 1 tojás, felvert

UTASÍTÁS:
a) Melegítsd elő a sütőt 200°C-ra (400°F).
b) Enyhén lisztezett felületen nyújtsuk ki a leveles tésztát körülbelül 1/4 hüvelyk vastagra.
c) A leveles tésztára kenjük a Nutellát vagy csokis mogyorót.
d) Az apróra vágott mogyorót szórjuk rá a megkenni.
e) Vágja a leveles tésztát körülbelül 1 hüvelyk széles csíkokra.
f) Mindegyik csíkot többször megcsavarjuk, és sütőpapírral bélelt tepsire helyezzük.
g) Minden csavart megkenünk felvert tojással.
h) 20-25 perc alatt aranybarnára sütjük.
i) Melegen tálaljuk.

83. Tiramisu Twists

ÖSSZETEVŐK:

- 200 gramm Mascarpone
- 2 evőkanál Kahlua, plusz plusz mázhoz
- 2 evőkanál porcukor
- 1 lap csupa vajas leveles tészta
- 30 gramm étcsokoládé, osztva

UTASÍTÁS:

a) Egy kis keverőtálban verjük puhára a mascarponét. Adjuk hozzá a Kahluát, és ha teljesen elkeverjük, keverjük hozzá a cukrot. Fektesse ki a leveles tésztalapot úgy, hogy egy rövid széle maga felé nézzen. A tiramisu tölteléket egyenletesen elosztjuk a lapon.

b) Pizzavágóval vagy éles késsel vágja a tésztát 8 hosszú függőleges csíkra. A töltelékre reszelünk 20 gramm étcsokoládét. Egyszerre egy torsadával dolgozva fogja meg a tőled legtávolabbi végét, és hajtsa le, félbe, maga tetejére.

c) Tegye át egy tapadásmentes vagy bélelt tepsire, és fordítsa meg kétszer, amikor lerakja. Óvatosan nyomja le az alsó szélét, majd ismételje meg a többivel, és hűtse 1 órát.

d) Melegítsük elő a sütőt 200C/180C-os ventilátorra. Miután a péksütemények egy órát hűltek, enyhén kenje meg őket Kahluával, és reszelje rá a maradék csokoládét.

e) 15 percig sütjük, amíg jól megkel és aranybarna nem lesz.

f) Tegyük rácsra hűlni, vagy melegen tálaljuk.

84. Fokhagymás parmezán csavarok

ÖSSZETEVŐK:

- 1 csomag hűtött pizzatészta
- 2 evőkanál vaj, olvasztott
- 2 gerezd fokhagyma, felaprítva
- 1/4 csésze reszelt parmezán sajt
- 1 teáskanál szárított olasz fűszer

UTASÍTÁS:

a) Melegítsük elő a sütőt 190 °C-ra, és béleljünk ki egy tepsit sütőpapírral.
b) A pizzatésztát kinyújtjuk és vékony csíkokra vágjuk.
c) Mindegyik csíkot csavarja meg és helyezze az előkészített tepsire.
d) Egy kis tálban keverjük össze az olvasztott vajat és a darált fokhagymát.
e) Kenjük meg a fokhagymás vajas keverékkel a megcsavart tésztát.
f) Szórjuk meg egyenletesen parmezán sajttal és olasz fűszerekkel a csavarokat.
g) 12-15 percig sütjük, vagy amíg aranybarna nem lesz. Melegen tálaljuk.

85. Jalapeno Cheddar Twists

ÖSSZETEVŐK:
1 csomag hűtött félhold tekercs tészta
1 csésze reszelt cheddar sajt
2 jalapeno paprika, a magokat eltávolítva és apróra vágva
1/4 csésze olvasztott vaj
1/2 teáskanál fokhagyma por
1/4 teáskanál paprika

UTASÍTÁS:

Melegítsük elő a sütőt 190 °C-ra, és béleljünk ki egy tepsit sütőpapírral.

A félholdas tekercs tésztát kinyújtjuk és háromszögekre osztjuk.

Szórja meg egyenletesen a reszelt cheddar sajtot és az apróra vágott jalapenót minden háromszögre.

Tekerje fel a háromszögeket a szélesebb végétől kezdve, és óvatosan csavarja össze, hogy rögzítse a tölteléket. Helyezze a csavart tekercseket az előkészített tepsire.

Egy kis tálban keverjük össze az olvasztott vajat, a fokhagymaport és a paprikát.

Kenje meg a vajas keveréket a csavart tekercsekre.

12-15 percig sütjük, vagy amíg a tekercsek aranybarnák nem lesznek és a sajt megolvad. Melegen tálaljuk.

86. Buffalo Chicken Twists

ÖSSZETEVŐK:
- 2 csésze főtt csirke, felaprítva
- 1/2 csésze bivalyszósz
- 1/4 csésze morzsolt kéksajt
- 2 evőkanál apróra vágott zöldhagyma
- 1 csomag hűtött pizzatészta

UTASÍTÁS:
a) Melegítsük elő a sütőt 190 °C-ra, és béleljünk ki egy tepsit sütőpapírral.
b) Egy tálban keverje össze a reszelt csirkét és a bivalyszószt, amíg jól bevonat nem lesz.
c) A pizzatésztát kinyújtjuk és vékony csíkokra vágjuk.
d) Mindegyik csíkot csavarja meg és helyezze az előkészített tepsire.
e) Minden csavarra kanalazzon egy kis mennyiségű bivalycsirke keveréket.
f) A tekercsekre morzsolt kéksajtot és apróra vágott zöldhagymát szórunk.
g) 12-15 percig sütjük, vagy amíg a csavarok aranybarnák nem lesznek, és a töltelék át nem melegszik. Melegen tálaljuk.

87.Pesto és szárított paradicsom csavarok

ÖSSZETEVŐK:

- 1 csomag leveles tésztalap
- 1/4 csésze pesto szósz
- 1/4 csésze apróra vágott szárított paradicsom (olajba csomagolva)
- 1/4 csésze reszelt parmezán sajt
- 1 tojás, felvert (tojásmosáshoz)

UTASÍTÁS:

a) Melegítsd elő a sütőt 200°C-ra, és bélelj ki egy tepsit sütőpapírral.
b) A leveles tésztát a csomagoláson található utasítások szerint olvasszuk fel.
c) A leveles tésztalapot kinyújtjuk és vékony csíkokra vágjuk.
d) Minden csík mentén vékonyan megkenjük a pesto szószt.
e) Minden csíkra szórjuk apróra vágott szárított paradicsomot és reszelt parmezán sajtot.
f) Óvatosan csavarja meg az egyes csíkokat, és helyezze őket az előkészített tepsire.
g) Kenje meg a csavarokat felvert tojással, hogy fényes legyen.
h) Süssük 12-15 percig, vagy amíg meg nem puhul és aranybarna nem lesz. Melegen tálaljuk.

88. Spenót és feta csavarok

ÖSSZETEVŐK:
- 1 csomag hűtött félhold tekercs tészta
- 1 csésze fagyasztott spenót, felengedve és a felesleges nedvességet kinyomva
- 1/2 csésze morzsolt feta sajt
- 2 evőkanál reszelt parmezán sajt
- 1/4 teáskanál fokhagyma por
- Só és bors ízlés szerint

UTASÍTÁS:
a) Melegítsük elő a sütőt 190 °C-ra, és béleljünk ki egy tepsit sütőpapírral.
b) A félholdas tekercs tésztát kinyújtjuk és háromszögekre osztjuk.
c) Egy tálban keverjük össze a spenótot, a feta sajtot, a reszelt parmezán sajtot, a fokhagymaport, a sót és a borsot.
d) Mindegyik háromszögre kanalazzon egy kis mennyiségű spenót-feta keveréket.
e) Tekerje fel a háromszögeket a szélesebb végétől kezdve, és óvatosan csavarja össze, hogy a tölteléket lezárja.
f) Helyezze a csavart tekercseket az előkészített tepsire.
g) 12-15 percig sütjük, vagy amíg a tekercsek aranybarnák nem lesznek, és a töltelék átmelegszik. Melegen tálaljuk.

89. BBQ Pulled Pork Twists

ÖSSZETEVŐK:
- 2 csésze főtt sertéshús
- 1/2 csésze barbecue szósz
- 1/4 csésze reszelt cheddar sajt
- 1/4 csésze apróra vágott vöröshagyma
- 1 csomag hűtött pizzatészta

UTASÍTÁS:
a) Melegítsük elő a sütőt 190 °C-ra, és béleljünk ki egy tepsit sütőpapírral.
b) Egy tálban keverjük össze a sertéshúst és a barbecue szószt, amíg jól össze nem áll.
c) A pizzatésztát kinyújtjuk és vékony csíkokra vágjuk.
d) Mindegyik csíkot csavarja meg és helyezze az előkészített tepsire.
e) Minden csavarra kanalazzon egy kis mennyiségű sertéshús keveréket.
f) Szórjuk meg a reszelt cheddar sajtot és az apróra vágott lilahagymát a csavarokra.
g) 12-15 percig sütjük, vagy amíg a csavarok aranybarnák nem lesznek, és a töltelék át nem melegszik. Melegen tálaljuk.

90. S'mores Twists

ÖSSZETEVŐK:

- 1 csomag leveles tésztalap
- 1/4 csésze Nutella vagy csokis kenhető
- 1/4 csésze mini mályvacukor
- 2 evőkanál zúzott Graham keksz
- 1 tojás, felvert (tojásmosáshoz)

UTASÍTÁS:

a) Melegítsd elő a sütőt 200°C-ra, és bélelj ki egy tepsit sütőpapírral.
b) A leveles tésztát a csomagoláson található utasítások szerint olvasszuk fel.
c) A leveles tésztalapot kinyújtjuk és vékony csíkokra vágjuk.
d) Minden csík mentén vékony Nutellát vagy csokoládéval kenjük.
e) Minden csíkra szórjunk mini mályvacukrot és zúzott Graham kekszet.
f) Óvatosan csavarja meg az egyes csíkokat, és helyezze őket az előkészített tepsire.
g) Kenje meg a csavarokat felvert tojással, hogy fényes legyen.
h) Süssük 12-15 percig, vagy amíg meg nem puhul és aranybarna nem lesz. Melegen tálaljuk.

91. Caprese Twists

ÖSSZETEVŐK:
- 1 csomag leveles tésztalap
- 1/4 csésze bazsalikom pesto
- 1/2 csésze koktélparadicsom félbevágva
- 1/2 csésze friss mozzarella gyöngy
- Só és bors ízlés szerint
- Balzsammáz a csepegtetéshez (opcionális)

UTASÍTÁS:
a) Melegítsd elő a sütőt 200°C-ra, és bélelj ki egy tepsit sütőpapírral.
b) A leveles tésztát a csomagoláson található utasítások szerint olvasszuk fel.
c) A leveles tésztalapot kinyújtjuk és vékony csíkokra vágjuk.
d) Egy vékony réteg bazsalikomos pestót kenjünk minden csíkra.
e) Mindegyik csíkra helyezzünk egy koktélparadicsom felét és egy mozzarella gyöngyöt.
f) Ízlés szerint sózzuk, borsozzuk.
g) Óvatosan csavarja meg az egyes csíkokat, és helyezze őket az előkészített tepsire.
h) Süssük 12-15 percig, vagy amíg meg nem puhul és aranybarna nem lesz.
i) Választható: Tálalás előtt kenje meg balzsammázzsal a csavarokat. Melegen tálaljuk.

92. Alma fahéj csavarok

ÖSSZETEVŐK:

- 1 csomag leveles tésztalap
- 2 alma meghámozva, kimagozva és vékonyra szeletelve
- 2 evőkanál olvasztott vaj
- 2 evőkanál kristálycukor
- 1 teáskanál őrölt fahéj
- 1/4 csésze apróra vágott dió (elhagyható)
- Porcukor a porozáshoz (opcionális)

UTASÍTÁS:

a) Melegítsd elő a sütőt 200°C-ra, és bélelj ki egy tepsit sütőpapírral.
b) A leveles tésztát a csomagoláson található utasítások szerint olvasszuk fel.
c) A leveles tésztalapot kinyújtjuk és vékony csíkokra vágjuk.
d) Minden csíkot megkenünk olvasztott vajjal.
e) Egy kis tálban keverjük össze a kristálycukrot és az őrölt fahéjat.
f) A vajas csíkokra egyenletesen szórjuk a fahéjas cukros keveréket.
g) Mindegyik csíkra helyezzünk néhány almaszeletet, és ízlés szerint szórjuk meg apróra vágott dióval.
h) Óvatosan csavarja meg az egyes csíkokat, és helyezze őket az előkészített tepsire.
i) Süssük 12-15 percig, vagy amíg meg nem puhul és aranybarna nem lesz.
j) Opcionális: Tálalás előtt porcukorral megszórjuk a csavarokat. Melegen tálaljuk.

93.Sonka és sajt csavarok

ÖSSZETEVŐK:

1 csomag leveles tésztalap
1/2 csésze szeletelt sonka
1/2 csésze reszelt cheddar sajt
1 tojás, felvert (tojásmosáshoz)

UTASÍTÁS:

a) Melegítsd elő a sütőt 200°C-ra, és bélelj ki egy tepsit sütőpapírral.
b) A leveles tésztát a csomagoláson található utasítások szerint olvasszuk fel.
c) A leveles tésztalapot kinyújtjuk és vékony csíkokra vágjuk.
d) Mindegyik csíkra helyezzünk néhány szelet sonkát és egy csipetnyi reszelt cheddar sajtot.
e) Óvatosan csavarja meg az egyes csíkokat, és helyezze őket az előkészített tepsire.
f) Kenje meg a csavarokat felvert tojással, hogy fényes legyen.
g) Süssük 12-15 percig, vagy amíg meg nem puhul és aranybarna nem lesz. Melegen tálaljuk.

94.Pesto csirke Alfredo Twists

ÖSSZETEVŐK:
- 2 csésze főtt csirke, felaprítva
- 1/4 csésze bazsalikom pesto
- 1/4 csésze Alfredo szósz
- 1/4 csésze reszelt mozzarella sajt
- 1 csomag hűtött pizzatészta

UTASÍTÁS:
a) Melegítsük elő a sütőt 190 °C-ra, és béleljünk ki egy tepsit sütőpapírral.
b) Egy tálban keverje össze a reszelt csirkét, a bazsalikom pesto-t és az Alfredo szószt, amíg jól össze nem áll.
c) A pizzatésztát kinyújtjuk és vékony csíkokra vágjuk.
d) Mindegyik csíkot csavarja meg és helyezze az előkészített tepsire.
e) Minden csavarra kanalazzon egy kis mennyiségű csirkehús keveréket.
f) Szórjuk meg reszelt mozzarella sajttal a csavarokat.
g) 12-15 percig sütjük, vagy amíg a csavarok aranybarnák nem lesznek, és a töltelék át nem melegszik. Melegen tálaljuk.

95. Maple Bacon Twists

ÖSSZETEVŐK:
- 1 csomag leveles tésztalap
- 1/4 csésze juharszirup
- 4 szelet főtt szalonna, morzsolva
- 2 evőkanál barna cukor
- 1/4 teáskanál őrölt fekete bors

UTASÍTÁS:
a) Melegítsd elő a sütőt 200°C-ra, és bélelj ki egy tepsit sütőpapírral.
b) A leveles tésztát a csomagoláson található utasítások szerint olvasszuk fel.
c) A leveles tésztalapot kinyújtjuk és vékony csíkokra vágjuk.
d) Minden csíkot megkenünk juharsziruppal.
e) Egy kis tálban keverjük össze a morzsolt bacont, a barna cukrot és az őrölt fekete borsot.
f) Minden csíkra egyenletesen szórjuk a bacon keveréket.
g) Óvatosan csavarja meg az egyes csíkokat, és helyezze őket az előkészített tepsire.
h) Süssük 12-15 percig, vagy amíg meg nem puhul és aranybarna nem lesz. Melegen tálaljuk.

96.Mediterrán fordulatok

ÖSSZETEVŐK:

- 1 csomag leveles tésztalap
- 1/4 csésze szárított paradicsom pesto
- 1/4 csésze apróra vágott Kalamata olajbogyó
- 1/4 csésze morzsolt feta sajt
- 1/4 csésze apróra vágott friss petrezselyem

UTASÍTÁS:

a) Melegítsd elő a sütőt 200°C-ra, és bélelj ki egy tepsit sütőpapírral.
b) A leveles tésztát a csomagoláson található utasítások szerint olvasszuk fel.
c) A leveles tésztalapot kinyújtjuk és vékony csíkokra vágjuk.
d) Minden csík mentén vékonyan megkenjük a szárított paradicsom pestót.
e) Minden csíkra szórjunk apróra vágott Kalamata olajbogyót, morzsolt feta sajtot és apróra vágott friss petrezselymet.
f) Óvatosan csavarja meg az egyes csíkokat, és helyezze őket az előkészített tepsire.
g) Süssük 12-15 percig, vagy amíg meg nem puhul és aranybarna nem lesz. Melegen tálaljuk.

97. Diós karamell csavarok

ÖSSZETEVŐK:

- 1 csomag leveles tésztalap
- 1/4 csésze karamell szósz
- 1/4 csésze apróra vágott dió (például dió vagy pekándió)
- 2 evőkanál barna cukor
- 1/2 teáskanál őrölt fahéj

UTASÍTÁS:

a) Melegítsd elő a sütőt 200°C-ra, és bélelj ki egy tepsit sütőpapírral.
b) A leveles tésztát a csomagoláson található utasítások szerint olvasszuk fel.
c) A leveles tésztalapot kinyújtjuk és vékony csíkokra vágjuk.
d) Minden csík mentén vékonyan megkenjük a karamellszószt.
e) Minden csíkra szórjuk apróra vágott diót, barna cukrot és őrölt fahéjat.
f) Óvatosan csavarja meg az egyes csíkokat, és helyezze őket az előkészített tepsire.
g) Süssük 12-15 percig, vagy amíg meg nem puhul és aranybarna nem lesz. Melegen tálaljuk.

98.Málna krémsajt csavarok

ÖSSZETEVŐK:
- 1 csomag leveles tésztalap
- 1/4 csésze málnalekvár vagy befőtt
- 4 uncia krémsajt, megpuhult
- 2 evőkanál porcukor
- 1/2 teáskanál vanília kivonat
- 1 tojás, felvert (tojásmosáshoz)

UTASÍTÁS:
a) Melegítsd elő a sütőt 200°C-ra, és bélelj ki egy tepsit sütőpapírral.
b) A leveles tésztát a csomagoláson található utasítások szerint olvasszuk fel.
c) A leveles tésztalapot kinyújtjuk és vékony csíkokra vágjuk.
d) Egy tálban keverjük simára a krémsajtot, a porcukrot és a vaníliakivonatot.
e) Minden csík mentén vékonyan megkenjük a málnalekvárt.
f) A málnalekvár tetejére tegyünk egy kis kanál krémsajtos keveréket.
g) Óvatosan csavarja meg az egyes csíkokat, és helyezze őket az előkészített tepsire.
h) Kenje meg a csavarokat felvert tojással, hogy fényes legyen.
i) Süssük 12-15 percig, vagy amíg meg nem puhul és aranybarna nem lesz. Melegen tálaljuk.

99. Lemon Blueberry Twists

ÖSSZETEVŐK:

- 1 csomag leveles tésztalap
- 1/4 csésze citromtúró
- 1/4 csésze friss áfonya
- 1 evőkanál kristálycukor
- 1 teáskanál citromhéj

UTASÍTÁS:

a) Melegítsd elő a sütőt 200°C-ra, és bélelj ki egy tepsit sütőpapírral.
b) A leveles tésztát a csomagoláson található utasítások szerint olvasszuk fel.
c) A leveles tésztalapot kinyújtjuk és vékony csíkokra vágjuk.
d) Kenjen meg vékony réteg citromtúrót minden csík mentén.
e) Tegyünk néhány áfonyát a citromtúró tetejére.
f) Minden csíkot megszórunk kristálycukorral és citromhéjjal.
g) Óvatosan csavarja meg az egyes csíkokat, és helyezze őket az előkészített tepsire.
h) Süssük 12-15 percig, vagy amíg meg nem puhul és aranybarna nem lesz. Melegen tálaljuk.

100. Maple Pecan Twists

ÖSSZETEVŐK:

- 1 csomag leveles tésztalap
- 1/4 csésze juharszirup
- 1/4 csésze apróra vágott pekándió
- 2 evőkanál barna cukor
- 1/4 teáskanál őrölt fahéj

UTASÍTÁS:

a) Melegítsd elő a sütőt 200°C-ra, és bélelj ki egy tepsit sütőpapírral.
b) A leveles tésztát a csomagoláson található utasítások szerint olvasszuk fel.
c) A leveles tésztalapot kinyújtjuk és vékony csíkokra vágjuk.
d) Minden csíkot megkenünk juharsziruppal.
e) Egy kis tálban keverjük össze az apróra vágott pekándiót, a barna cukrot és az őrölt fahéjat.
f) Egyenletesen szórja meg a pekándió keveréket minden csíkra.
g) Óvatosan csavarja meg az egyes csíkokat, és helyezze őket az előkészített tepsire.
h) Süssük 12-15 percig, vagy amíg meg nem puhul és aranybarna nem lesz. Melegen tálaljuk.

KÖVETKEZTETÉS

Reméljük, hogy ez a szakácskönyv lángra lobbantotta szenvedélyét a saját konyhájában finom kenyérrudak, perecek és csavarok elkészítése iránt. Megosztottuk veled kedvenc receptjeinket, tippjeinket és technikáinkat, így lehetővé tesszük, hogy kísérletezhess, és valóban a sajátodmá tedd ezeket a finomságokat. Függetlenül attól, hogy egy buli közönségcsalogató előételként tálalja, vagy egy megnyugtató falatozást kényeztet egy hangulatos estén, a házi kenyérrudak, perecek és csavarások öröme nem ismer határokat.

Ne feledje, a sütés művészete véget nem érő kaland. Ne féljen feszegetni a határokat, fedezzen fel új ízkombinációkat, és öntse bele saját személyiségét ezekbe a receptekbe. Oszd meg alkotásaidat szeretteiddel, cserélj történeteket és tippeket péktársaiddal, és gyönyörködj abban az elégedettségben, amikor tudod, hogy valami igazán különlegeset alkottál.

Őszintén reméljük, hogy ez a szakácskönyv ihletet adott a kenyérrudak, perecek és csavarások varázslatának megismerésére, és szeretett társává válik konyhájában. A tésztád mindig megkeljen, ízeid mindig merészek, és alkotásaid mindig élvezettel falják fel. Boldog sütést!

www.ingramcontent.com/pod-product-compliance
Lightning Source LLC
Chambersburg PA
CBHW070349120526
44590CB00014B/1065